不得不知的人类文明

BUDEBUZHI DE
RENLEI WENMING

古塔游

GUTA YOU

知识达人 编著

成都地图出版社

图书在版编目（CIP）数据

古塔游 / 知识达人编著 . —— 成都 : 成都地图出版
社 , 2017.1（2021.5 重印）
（不得不知的人类文明）
ISBN 978-7-5557-0445-4

Ⅰ . ①古… Ⅱ . ①知… Ⅲ . ①古塔—介绍—世界
Ⅳ . ① K917.5

中国版本图书馆 CIP 数据核字 (2016) 第 210589 号

不得不知的人类文明——古塔游

责任编辑：	赖红英
封面设计：	纸上魔方

出版发行：	成都地图出版社
地　　址：	成都市龙泉驿区建设路 2 号
邮政编码：	610100
电　　话：	028 - 84884826（营销部）
传　　真：	028 - 84884820

印　　刷：	唐山富达印务有限公司

（如发现印装质量问题，影响阅读，请与印刷厂商联系调换）

开　　本：	710mm × 1000mm　1/16		
印　　张：	8	**字　　数：**	160 千字
版　　次：	2017 年 1 月第 1 版	**印　　次：**	2021 年 5 月第 4 次印刷
书　　号：	ISBN 978-7-5557-0445-4		
定　　价：	38.00 元		

前 言

　　为什么古巴比伦城被称为"空中的花园"？威尼斯为什么建在水上？四大文明要到哪里寻找呢？拉菲庄园为什么盛产葡萄酒？你想听听赵州桥的故事吗？你知道男人女人都不穿鞋的边陲古寨在哪里吗？你去过美丽峡谷中的德夯苗寨吗？

　　《不得不知的人类文明》包括宫殿城堡、古村古镇、建筑奇迹等。它通过浅显易懂的语言、轻松幽默的漫画、丰富有趣的知识点，为孩子营造了一个超级广阔的阅读和想象空间。

　　让我们现在就出发，一起去了解人类文明吧！

目录

莺莺塔为何会发出怪声 / 1

虎丘塔为什么能斜而不倒 / 10

罗星塔为何有"中国塔"之称 / 16

龙兴塔为何会冒烟 / 22

双塔为何会呈现两种奇观 / 28

双塔为什么会交影 / 34

倾斜的大雁塔是怎么复原的 / 40

目录

涿州双塔为何远看近看各不同 / 49

为何大炮轰不倒开封铁塔 / 56

文峰塔为何能"倒立"千年 / 62

应县木塔为何能站立千年 / 69

"不倒翁"般的开元寺塔 / 76

目录

龙峰塔为何被称为"国宝" / 81

为何东塔的塔顶饰能避雷 / 88

黄泥粘砌的嵩岳寺塔 / 93

须弥塔的天宫秘密是什么 / 98

无木支撑的苏公塔 / 104

小雁塔为何在地震中幸存 / 110

雷峰塔为何闻名于世，有何秘密呢 / 116

莺莺塔为何会发出怪声

莺莺塔位于山西省永济市蒲州古城东侧的普救寺内，最早建的那座塔在地震中毁坏了，现在的这座是明朝的时候重建的，保留了最原始的风格特点和布局，只是由原先的七层增加到了十三层。从外面看，莺莺塔四四方方的，塔檐稍微凹着，有曲线美。这是一座设计得非常奇特的塔。怎么个奇特法呢？也许你攀登过许多的塔，相信你都可以从第一层顺利地到达顶层。可是，在这

座塔里，如果你想到达第七层的话，必须从第五层上去，因为第六层和第七层不是直接相通的。而且，你可以绕过第六层和第七层，直接走到第九层。神奇吧？更离奇的事情还在后面呢！

　　每座古塔都有它奇特的故事，莺莺塔也不例外！它的奇特之处在于，它不但会哭，会唱戏，而且还会发出类似蛙叫的声音。1986年的一天，莺莺塔正在进行维护工作。忽然，一名工人听到

了一阵阵奇怪的声音，这声音隐隐约约、断断续续的，像是从塔中传出来的。仔细一听，似是哭声，到底是谁在哭呢？怎么会在这里哭泣呢？按照规定，莺莺塔进行维护的时候，是不允许任何闲人进入的，可是为什么还能听到除工作人员以外的人的哭声呢？这名工人以为是有人无意间闯入了塔中，于是他把整个塔都搜查了一遍，可是怎么也找不到其他的外人。更让人觉得不可思议的是，1987年的一天晚上，在塔旁休息的工人们突然听

见了唱戏的声音，声音真真切切，腔调、道白也都很清楚。大家都非常好奇，也很纳闷，于是走进塔中察看，可是怎么也找不着人，那么怎么会有唱戏声呢？当他们走出塔的时候，声音又传了出来，还伴有锣鼓声。真是奇怪呀！这座塔在古时候曾经就有过类似蛙叫的声音从塔中传出，声音在山谷中回荡，当时的人们以为是塔中的一只金蟾发出的响声，非常高兴，还将其当作旺财的瑞兽。

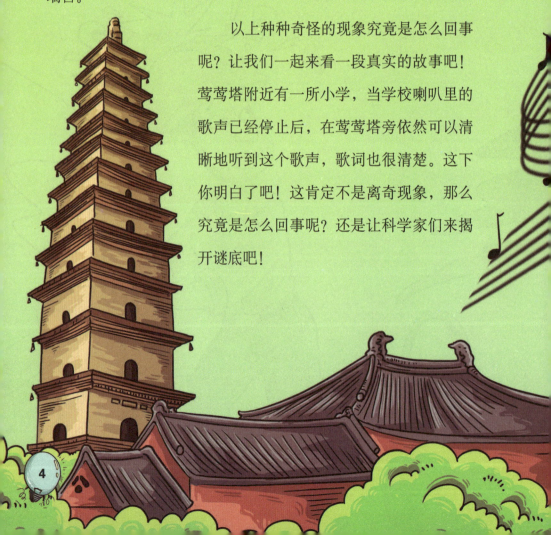

以上种种奇怪的现象究竟是怎么回事呢？让我们一起来看一段真实的故事吧！莺莺塔附近有一所小学，当学校喇叭里的歌声已经停止后，在莺莺塔旁依然可以清晰地听到这个歌声，歌词也很清楚。这下你明白了吧！这肯定不是离奇现象，那么究竟是怎么回事呢？还是让科学家们来揭开谜底吧！

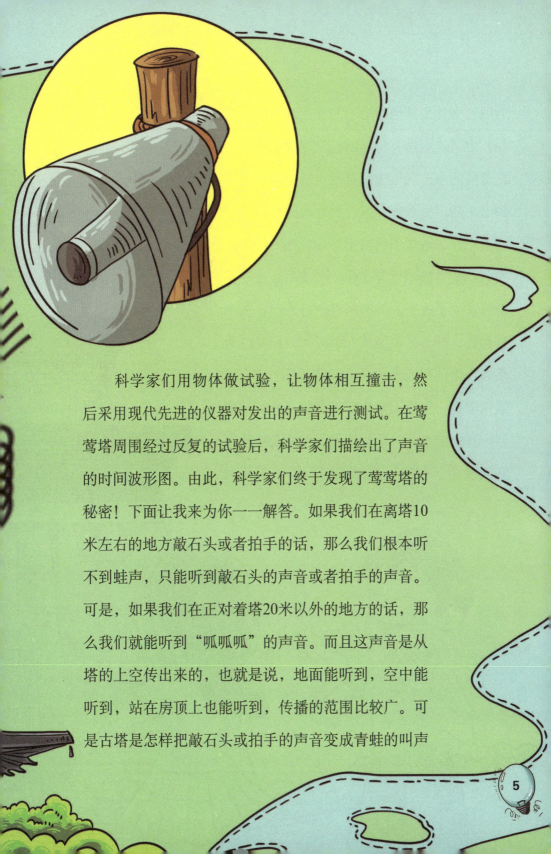

　　科学家们用物体做试验，让物体相互撞击，然后采用现代先进的仪器对发出的声音进行测试。在莺莺塔周围经过反复的试验后，科学家们描绘出了声音的时间波形图。由此，科学家们终于发现了莺莺塔的秘密！下面让我来为你一一解答。如果我们在离塔10米左右的地方敲石头或者拍手的话，那么我们根本听不到蛙声，只能听到敲石头的声音或者拍手的声音。可是，如果我们在正对着塔20米以外的地方的话，那么我们就能听到"呱呱呱"的声音。而且这声音是从塔的上空传出来的，也就是说，地面能听到，空中能听到，站在房顶上也能听到，传播的范围比较广。可是古塔是怎样把敲石头或拍手的声音变成青蛙的叫声的呢？为什么其他的塔不能发出这样的声音呢？难道这座塔有特异功能？原因就在于，莺莺塔的每一层塔檐都是用青砖一层一层架构出来的，而且每一层往外延伸的宽度也不完全一样。这样的结构正好形成内凹形的曲面。正是塔檐形成的这样一个曲面，才使得声音发生了改变。鸟的叫声也好，撞击的声音也好，并不是单纯的一个频率，而是分为高频、中频和低频的。这三种频率的声音接触到塔檐，发生不同的反射现象，有的被减弱，有的被增强。因此传到我们耳朵中的声音就发生了改变。所以我们在塔下听到的

并不是蛙声，而是与自然界的蛙鸣声很相像的一种声音。现在我们知道了由于塔檐的多层凹形曲面的集中反射，使得撞击的声音就变成了蛙声。可是，那个唱戏的声音、学校喇叭里的歌声，难道也是塔檐的多层凹形曲面集中反射后发出来的吗？学校离塔有2.5千米之远，尽管塔坐落在半山腰上，塔的周围空旷开阔，没有任何阻挡物，可是两者之间的距离那么远，早就超过了声音传送的范围了。难道说莺莺塔真的能像扩音器那样，可以把声音放大？其实声音的反射并不复杂，它就像我们平时看见的一种现象：水滴遇到障碍物会向四周溅开。如果障碍物表面相对光滑的话，那么水滴会溅得比较远，但如果障碍物表面很粗糙的话，那么水滴溅出的范围就小多了。就莺莺塔来说，塔身和塔檐全都是用青砖叠砌而成的，而青砖本身就是很好的反射体，莺莺塔的青砖更是经黄土高原的风沙长年累月地吹拂，表面格外光滑，所有的声音都被反射到塔下。就是因为这样，声音才能传得很远。莺莺塔能发

声音的反射原理

出这些声音，是古代的建筑师们专门设计的吗？其实并不是，这座古塔能发出这些声音是一种巧合。现在莺莺塔的秘密，已经不再是秘密了。总而言之，莺莺塔能够发出这些声音，跟塔的结构和材料有着非常大的关系。正是因为这十三层的青砖结构，能够产生这种多层集中的反射效果，所以我们才能够听到如此美妙的声音。

声音的时间波形图

撞击声在空气中传播时碰到障碍物，就会有反射，波形图中共有13个小的回波，整齐有规律，但与建筑物共振引起的波形图并不一样，而应该是由某种物体特有的反射规律造成的。

虎丘塔为什么能斜而不倒

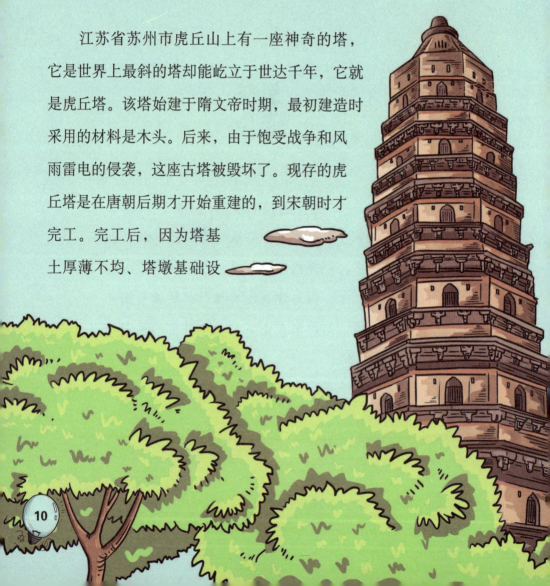

江苏省苏州市虎丘山上有一座神奇的塔，它是世界上最斜的塔却能屹立于世达千年，它就是虎丘塔。该塔始建于隋文帝时期，最初建造时采用的材料是木头。后来，由于饱受战争和风雨雷电的侵袭，这座古塔被毁坏了。现存的虎丘塔是在唐朝后期才开始重建的，到宋朝时才完工。完工后，因为塔基土厚薄不均、塔墩基础设

计构造不完善等多种原因，发生了倾斜，比意大利的比萨斜塔还要早200多年呢！最有趣的是，明朝时期，建筑师在重修该塔时，故意使它的第七层向西南方倾斜来矫正塔的中心。因此，虎丘塔是从明朝开始就向西北方向倾斜的。中华人民共和国成立后不久，古建筑专家采用铁箍灌浆的办法给塔加固，从而使这座古塔摆脱了继续倾斜的命运。目前塔顶中心偏离底层中心2.34米，最大倾斜度为3.59度，由此该塔被人们称为"东方比萨斜塔"。

　　虎丘塔的建筑水平非常高，工艺精致，棱、行分明，装饰华美，柱、枋等的制作水平都超过了大雁塔。门、窗、梁、枋等的尺寸和规模都是按照唐朝时期的风格和特点来制定的。现存的虎丘塔所用的材料是砖和木头，除了檐斗拱是砖木混

合结构外，其他部分全是用砖砌成的。该塔的塔身仿照楼阁的样式，呈八角形，共有七层。从底下往上看虎丘塔，越是往上塔身就越小，这种造型看起来很美观。塔身分为外壁、回廊和塔心三部分。可惜的是塔顶的铁刹部分已经倒塌了。每层塔内都绘有彩色牡丹花壁画，其色彩鲜艳，线条柔和，十分清秀。

这座古塔的美，吸引了众多的游客前来参观。还有一个重要原因就是它很神奇，虽然严重倾斜，但是没有倒塌，就像"不倒

翁"一样。关于这个斜而不倒的古塔，有一个有趣的民间传说：也不知是在哪个朝代，虎丘塔倾斜得越来越厉害，这可急坏了土地公公。他想来想去，只能用他的神力来救这座塔了。有一天晚上，他让全城的男女老少都做了同一个梦，为了拉正虎丘塔，梦里他们都被喊去拉绳。第二天早上人们醒来的时候，都觉得腰酸背痛，可是这虎丘塔却真的被拉正了。不过，这只是个传说罢了。那么，究竟是什么原因使它倾斜的呢？又是什么原因使得它不倒呢？

首先让我们来检查一下它的基石吧！塔基土厚度是不均衡的，有的

高，有的低，而且组合构造也不完善。还有，这座塔是建在岩石上。岩石是不牢固的，容易被风化，变成一粒粒的沙子。沙子很容易滑动，这也是这座古塔倾斜的原因。其实，虎丘塔斜而不倒要归功于它的建筑结构和建筑材料，还有伟大的建筑师。虎丘塔采用的是套筒式结构，塔内有两层塔壁，就像是一座小塔外面又套了一座大塔。塔内的两塔壁之间用砖相互嵌连在一起，也就是一块一块地粘在一起，这种结构稳定性极佳，可以很好地保持塔身的平衡。塔的主要建筑材料是条石和方砖，江南

虎丘塔采用的是套筒式结构

温暖湿润的天气也就拿它
没办法了。要知道在虎丘
塔之前，江南的许多建筑
基本上是用木头建造的，
它们大都难以抵御熊熊大
火，因而极少有保存下来
的。而虎丘塔的砖砌塔身
则可以有效地抵御火灾的
侵袭。因此，可以说，套
筒式结构和条石方砖造就
了塔基不匀却能斜立千年
的虎丘塔。

15

罗星塔为何有 "中国塔" 之称

罗星塔又称为磨心塔，位于福建省福州市东南马尾港的罗星山上。它就像一位伟人，瞩目着远方，俯瞰着闽江。罗星塔是一个被国际公认的航标性建筑，是闽江门户的象征，素有"中国塔"的美誉。如此看来，罗星塔的地位可是举足轻重啊！那么到底是什么原因使得它如此重要呢？一是由于闽江在此处的水流较深，码头周围有不少明礁暗石，极易造成沉船事故，带来不良后果；二是因为当时福州的对外贸易很发达，为了船只的安全航行，港口必须得有一个导航的标志，于是人们专门修建了此塔。一两百年前，外国船只到福州马尾外，远远望见罗星塔，欢呼道："China Tower"（中国罗星塔）（以前，国际公

认的译音（Amoy）是福州话音）。由此罗星塔的美名传播到了世界各地。有趣的是，世界邮政地名称罗星塔为"塔锚地"，那是由于外国船只来福州都在罗星塔下抛锚；即使没到过福州的海员，也知道这座古老的宝塔。在过去的几百年中，从世界各地邮到马尾的信，只要写上"中国塔"就可寄达。由此可见，这座塔的名气在当时是非常大的，这也说明了福州在我国古代的对外贸

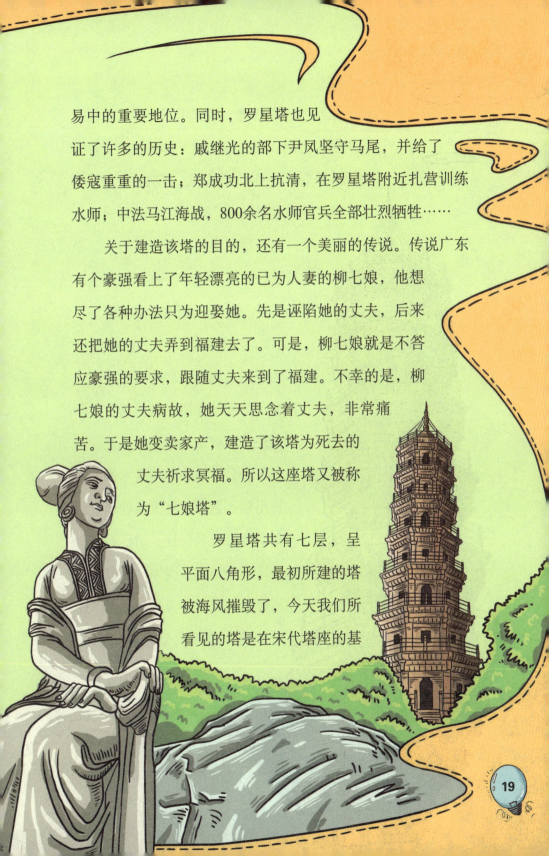

易中的重要地位。同时，罗星塔也见
证了许多的历史：戚继光的部下尹凤坚守马尾，并给了
倭寇重重的一击；郑成功北上抗清，在罗星塔附近扎营训练
水师；中法马江海战，800余名水师官兵全部壮烈牺牲……

关于建造该塔的目的，还有一个美丽的传说。传说广东
有个豪强看上了年轻漂亮的已为人妻的柳七娘，他想
尽了各种办法只为迎娶她。先是诬陷她的丈夫，后来
还把她的丈夫弄到福建去了。可是，柳七娘就是不答
应豪强的要求，跟随丈夫来到了福建。不幸的是，柳
七娘的丈夫病故，她天天思念着丈夫，非常痛
苦。于是她变卖家产，建造了该塔为死去的
丈夫祈求冥福。所以这座塔又被称
为"七娘塔"。

罗星塔共有七层，呈
平面八角形，最初所建的塔
被海风摧毁了，今天我们所
看见的塔是在宋代塔座的基

础上重建的。塔的每一层都用石块砌成栏杆，可供游人远眺。每一层的檐下都悬挂着风铃，海风吹来时，声音十分悦耳。塔顶原来是供守塔人点灯导航用的，可是清朝末年的一次台风，把塔顶刮走了。于是人们在罗星塔重建时，特意造了一颗大大的铁球嵌在上面，防止它再次被风吹走。

罗星塔下面如今已被开辟为罗星公园。公园的西边有溯江楼，南面的山脚下有望江亭，园中还有忠魂台、鸣潮阁以及友谊轩等。公园内的花草树木很多，长得郁郁葱葱。这里四季绿意浓厚，鸟语花香，这一切已经与罗星塔融为一体，成为一幅美丽的风景画。罗星塔与马限山麓下的马礁隔水相望，这一段江水的

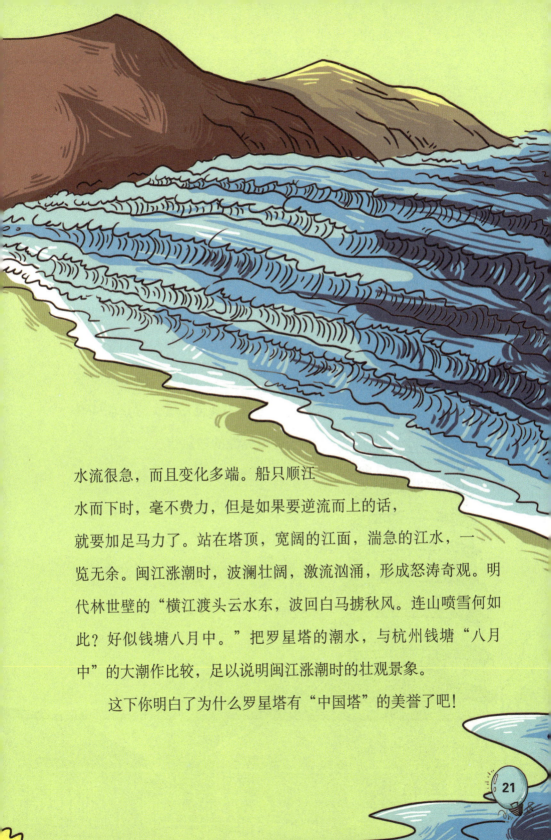

水流很急，而且变化多端。船只顺江
水而下时，毫不费力，但是如果要逆流而上的话，
就要加足马力了。站在塔顶，宽阔的江面，湍急的江水，一
览无余。闽江涨潮时，波澜壮阔，激流汹涌，形成怒涛奇观。明
代林世壁的"横江渡头云水东，波回白马掳秋风。连山喷雪何如
此？好似钱塘八月中。"把罗星塔的潮水，与杭州钱塘"八月
中"的大潮作比较，足以说明闽江涨潮时的壮观景象。

　　这下你明白了为什么罗星塔有"中国塔"的美誉了吧！

龙兴塔为何会冒烟

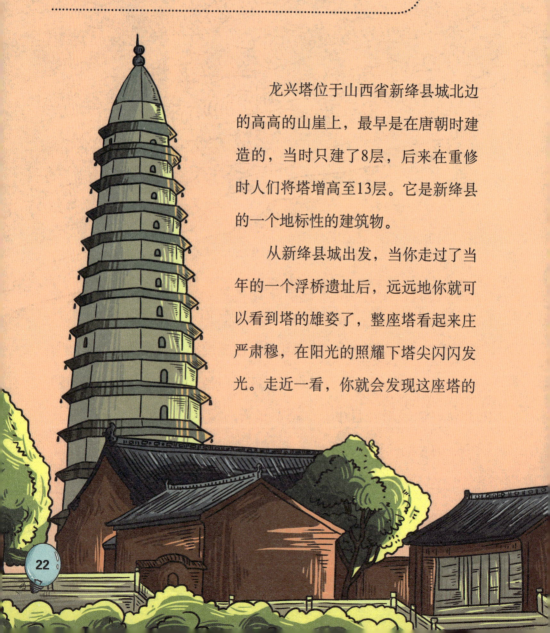

　　龙兴塔位于山西省新绛县城北边的高高的山崖上，最早是在唐朝时建造的，当时只建了8层，后来在重修时人们将塔增高至13层。它是新绛县的一个地标性的建筑物。

　　从新绛县城出发，当你走过了当年的一个浮桥遗址后，远远地你就可以看到塔的雄姿了，整座塔看起来庄严肃穆，在阳光的照耀下塔尖闪闪发光。走近一看，你就会发现这座塔的

结构非常精巧，雕像栩栩如生，仪态端庄秀丽，又因为处在高高的山崖上，塔顶就像插入云中一般，颇有"欲与天公试比高"之雄伟气势。

根据碑文的记载，龙兴塔始建于唐朝时期，共有8面13层，高42.4米，全部用磨光的青砖砌制而成。塔身各檐下的椽、柱、斗拱，均为仿木结构，做工精细。

为什么这座塔能够吸引人们慕名前来观赏呢？不仅仅是因为这座塔的古老历史和美丽外观，更是因为这座塔的塔顶会"冒烟"。

塔顶会"冒烟"？你还第一次听说吧！早在清朝时，塔顶就曾出现过一次冒烟的现象，人们感到很不可思议。如果说是巧合的话，那么还真是巧了，偏偏这一年大旱。于是，民间出现了各种各样的说法，最多的说法就是会不会是妖魔鬼神在作怪呀！当时的人们有着各种

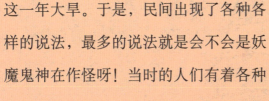

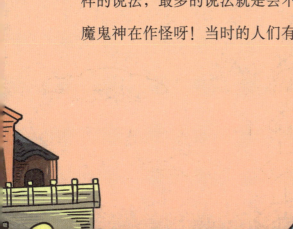

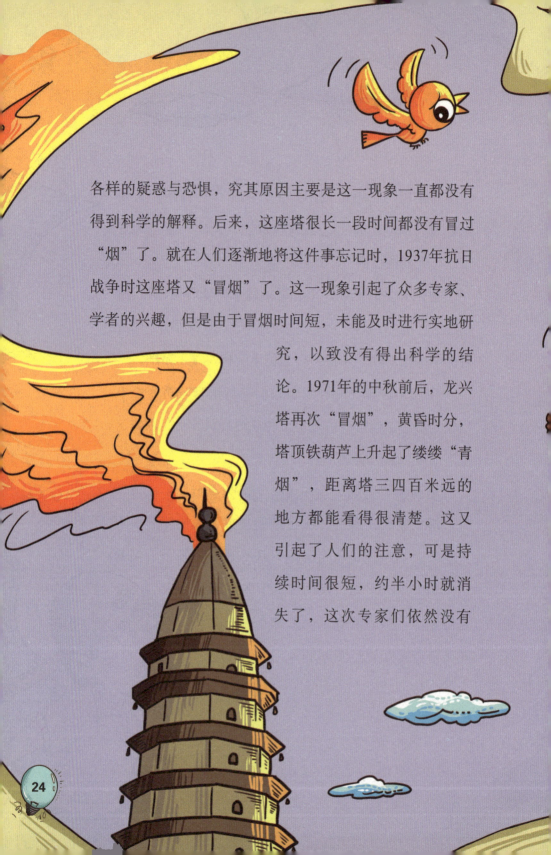

各样的疑惑与恐惧，究其原因主要是这一现象一直都没有得到科学的解释。后来，这座塔很长一段时间都没有冒过"烟"了。就在人们逐渐地将这件事忘记时，1937年抗日战争时这座塔又"冒烟"了。这一现象引起了众多专家、学者的兴趣，但是由于冒烟时间短，未能及时进行实地研究，以致没有得出科学的结论。1971年的中秋前后，龙兴塔再次"冒烟"，黄昏时分，塔顶铁葫芦上升起了缕缕"青烟"，距离塔三四百米远的地方都能看得很清楚。这又引起了人们的注意，可是持续时间很短，约半小时就消失了，这次专家们依然没有

得出最终的结论。1976年8月中旬龙兴寺塔顶"冒烟"，最近一次塔顶"冒烟"是在1993年8月，每天下午7时左右出现"冒烟"现象，持续了7天，这次的"冒烟"持续时间长，引来了上万人观看，各行各业的专家也来探个究竟。他们紧紧把握着这次难得的机会，每个人都紧张而有序地观看这神奇的景象，惊得目瞪口呆。他们时而讨论，时而提出各种疑问。在大家共

1993年8月

同的努力下，经过分析比较，查阅大量
古籍资料，并对塔的构造、发展演变仔
细研究以及对所使用的材料进行实验分
析，最终找到了答案。

原来，这与很早以前所使用的建塔
材料有关。原先材料中的泥土含有多种

建

矿物质成分，随着时间的推移，矿物成分会逐渐发生变化，在特殊的气候条件下，会与其他物质结合产生类似"雾气"的东西。伴随着气候等一些因素的影响，这些物质会缕缕飘散到空中，淡淡的、柔柔的，就像一缕缕炊烟。

如今这座塔在政府部门的努力下，召集建筑师，对塔进行了加固。龙兴塔是否会继续"冒烟"，形成更加壮观的景象呢？让我们共同期待吧！

中的泥土中
多种矿物质成分

双塔为何会 呈现两种奇观

云南是个美丽而且有着灿烂文化的地方。那里勤劳的人民创造了许多独具特色的建筑，这些建筑各式各样，形象独特。比如说，房屋建造得古朴，具有民族特色；桥梁设计得科学，同时考虑到了汛期时需要泄水、观赏时需要美观的双重

要求等。不过，这里有两座塔，你可能还不知道它们与众不同的地方。

云南普洱市景谷傣族自治县的勐卧佛寺内的"树包塔"、"塔包树"就是这样两个神奇的现象！一个是一座古塔，被树紧紧地裹着；另一个是一座古塔包裹着一棵树。这两种奇观均可称为"天下一绝"，使得全国各地的游客慕名前来观赏。每一位来观赏的游客都对此赞叹不已。

勐卧佛寺双塔是勐卧佛寺建筑群的一部分，位于勐卧佛寺大殿两侧，一南一北相对并列。双塔是明朝末年至清朝初年时由傣族威远土官刀汉臣所建的。这两座塔均呈"亚"字形，它们的基座为方形，基石上有浮雕，四角则有四个"埃香弄"（大力士）石雕作为塔柱。塔的下面三层有许多浮雕，浮雕再现了许多的民间故事和神话故事，它们不仅具有重要的艺术价值，还彰显了古代雕刻师精湛的雕刻技艺，这些浮雕是研究历史、文化的重要物品。

树包塔

"树包塔"奇观位于寺东侧，这是一座下面为方形，上面为圆形的葫芦状的红砂石浮雕塔。塔身雕有飞禽走兽等各种各样的图案。但真正令人惊奇的不是这些，而是这座塔被一棵两个人手拉手环抱都抱不过来的榕树紧紧包住，榕树的树冠向四周散开，就像一把巨伞插在佛塔中间，树枝从石缝内向周围伸出，枝叶甚茂，塔石不崩。到了晚上，各种各样的鸟儿在这聚集、嬉戏、欢唱，自由自在地、快乐地栖息。这棵榕树的树龄超过200年，高约25米，它粗壮的树根缠满了塔身外围，从远处看上去就像一把遮风挡雨的巨伞，也给塔的四周带来了难得的清凉。

"塔包树"奇观位于寺西侧，这座塔的形状、大小与东侧的塔基本相同。但是因为这座塔内的树并不大，栖身于塔内，所以变成了"塔包树"这一独特的景观。塔中心长着一棵高约20米高的榕树，这棵树与东侧的那棵榕树比较起来要

塔包树

小得多，树荫的直径只有10多米，树干也基本
上被限制在佛塔内部，只有少许的须根从塔侧冒出。

　　在同一座寺内，同时出现两座跟树联系紧密的塔，一座
是"树包塔"、一座是"塔包树"，这可以说是千年难遇的
奇观了。我们不禁要问了，这种奇观是怎样形成的呢？下面
就让我为您一一道来。

　　　　　　　　　　　寺内美丽的东侧塔吸引了鸟儿
　　　　　　　　　　们飞到塔顶休息、观赏周围景色，
　　　　　　　　　　甚至有的鸟儿还在塔顶筑了窝。

不经意间衔在鸟儿嘴里的榕树种子掉进了塔的砖缝里。种子在温暖、湿润的条件下生根发芽，吸收养分慢慢生长，同时树根也因为越长越大而深入塔底。不知过了多长时间，榕树长得足够大了，树根就慢慢伸出佛塔的砖缝，最后就将佛塔给包住了，"树包塔"的奇观由此而形成。

那么"塔包树"又是怎么一回事呢？其实那也是鸟儿将榕树的种子带入了塔内，只不过塔内的榕树还没有长到足够大，树根没能大量伸出塔外，所以看上去就像"塔包树"一样。只要给榕树足够的时间，等它长大了也就成了"树包塔"了。

"树包塔"与"塔包树"二者相互包融，造型优美。塔与树相得益彰，给人以无限美好的想象，称得上是大自然创作的艺术精品。

双塔为什么会交影

　　双塔位于山西省临猗县的北边，始建于隋唐年间，在宋朝时进行过一次修建，两座塔都是用砖砌成的，一座在东，一座在西，相距50余米。最初，这里有一座被称为"妙香寺"的庙，西塔在寺内，东塔却在寺外，但是由于战争和风雨的侵袭，这座庙如今已不复存在了，而两座塔却幸免于难，保存至今。

　　西塔呈方形，共有7层，明朝时临猗县遭遇地震，塔刹被毁坏了，幸好其他部分保存得还是比较完整的；东塔也是7层，呈方形，不过，东塔底层的中间是空的，上

面才是实心建造。第一、二层檐下有四铺作斗拱，第二层以上每层都有四根倚柱，上面设有斗拱。两座塔东西相对称，双塔挺拔有力，神情专注，像是相互注视着对方，又像是相互守望，相互照顾，宛如一对好姐妹。

让人感到奇怪的是，这两座塔并不是同时修建的，西塔在唐朝时就修建好了，而东塔却是宋朝时才修建的；而且从两座塔的表面上看，建筑样式是比较常见的风格，并没有什么特别之处，在塔内也没有找着珍贵的文字记载，因而看不出古人进行了什么专门的操作手法使得双塔会出现交影现象。那么西塔与东塔为什么会出现交影呢？

首先，让我们一起来看一则神话

七月初七（农历）

故事吧。西塔被称为白蛇塔，东塔被称为许仙塔。许仙与白蛇的故事最早是在临猗发生的，法海爱管闲事，反对他们俩之间的爱情，便施法术用"网塔钵"将二人分别软禁于两座塔内。可是，法海的做法却未能阻止二人的恩爱。他们日夜思念着对方，相互遥望着，甚至希望有人给他们传递情感。就这样，日月如梭，时间久了，二人的恩爱打动了玉帝，玉帝便命太白仙人施以法术，允许他们每年七月初七相见一

次。于是，每年的七月初七（农历），白蛇和许仙会在夜深人静的时候，在明月高挂时相会，而两座塔的影子也会交融在一起。从此，每年的七夕黄昏，双塔之影会在月光下缓缓交融，相依相偎，寓意夫妻团聚。这就是"双塔交影"的神话故事。现在，东塔还藏有许仙与白蛇的画像，第三层还有许仙的人头像，面向着西塔。

神话故事毕竟是一种传说，是缺乏科学依据的。现代人相信的是科学，因此我们需要用科学的方法来解释各种现象。这种交影的现象，引起了科学家们的重视，他们经过多年的研究，运用物理学中的光学、影像等知识进行分析，

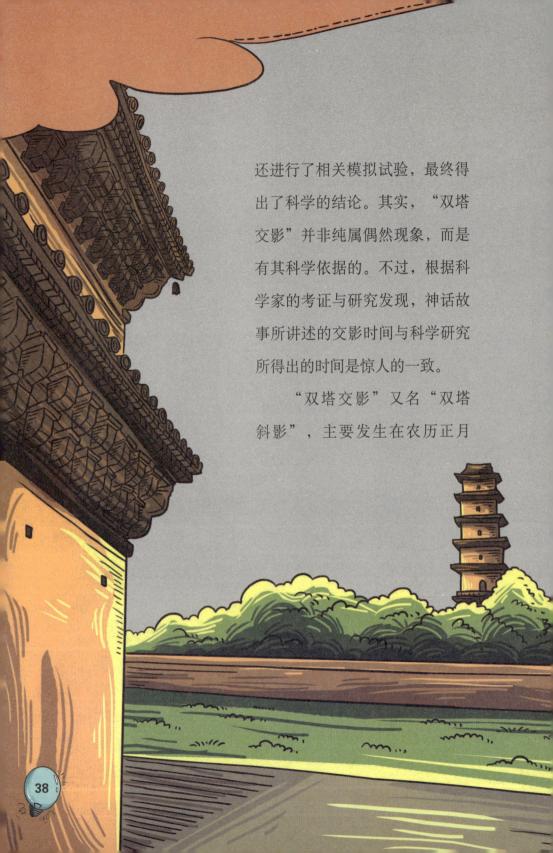

还进行了相关模拟试验，最终得出了科学的结论。其实，"双塔交影"并非纯属偶然现象，而是有其科学依据的。不过，根据科学家的考证与研究发现，神话故事所讲述的交影时间与科学研究所得出的时间是惊人的一致。

"双塔交影"又名"双塔斜影"，主要发生在农历正月

太阳和月亮的
光芒会从相对的
方向照射两塔

十五、九月十五黄昏以及三月十六、七月十六早晨。因为这时太阳和月亮会一起出现在同一天空的东西方（或相反），太阳和月亮的光芒会从相对的方向照射两塔，从而使双塔的影子从相对的方向往两塔中间的地方缓缓地挪动，最后交融在一起。可以说，双塔交影现象是我国古代建筑师伟大的创举。

现在，"双塔交影"已经列为了"猗氏十景"之一。因其布局合理，想象大胆，艺术高超，每年都吸引许多游客前往参观。

倾斜的大雁塔
是怎么复原的

有着"古都西安的象征"之称的大雁塔，位于西安市南郊大慈恩寺内，是我国楼阁式砖塔的典范之作。唐朝时，高僧唐玄奘从印度取经回国，带回来许多珍贵的经籍。唐高宗李治为了珍藏这些佛经，让它流传千古，特意下令建造了该

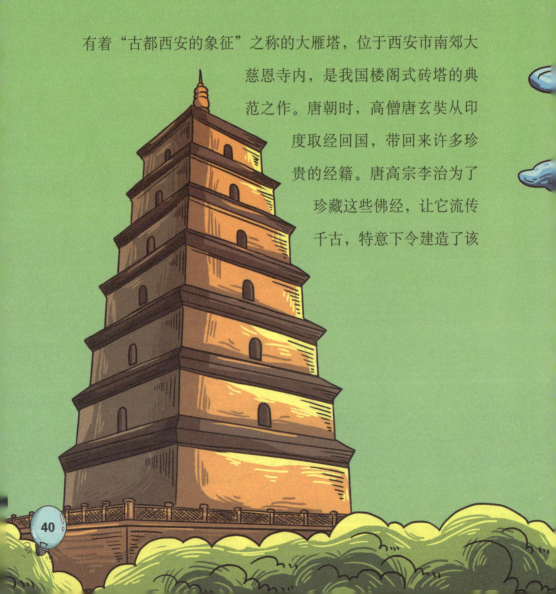

塔。为了建好这座塔，唐玄奘亲自主持了建造工程，倾注了许多精力，为该塔的成功建造作出了重要贡献。

大雁塔共7层，塔身用青砖砌成，显得气势宏伟。首先，让我们一起来看看大雁塔的每一层都放了些什么宝贝吧！底层南门两侧，镶嵌着唐代著名书法家褚遂良书写的两块石碑。第一层建有通天明柱，上面悬挂着四副长联，写着唐代的历史和人物的故事，细心读来，感觉如同身临其境一般。另外，里

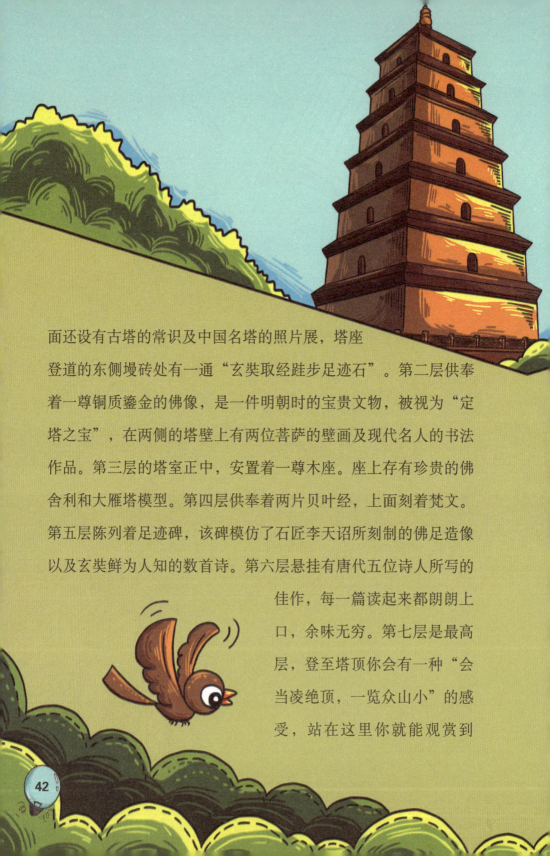

面还设有古塔的常识及中国名塔的照片展，塔座

登道的东侧墁砖处有一通"玄奘取经跬步足迹石"。第二层供奉

着一尊铜质鎏金的佛像，是一件明朝时的宝贵文物，被视为"定

塔之宝"，在两侧的塔壁上有两位菩萨的壁画及现代名人的书法

作品。第三层的塔室正中，安置着一尊木座。座上存有珍贵的佛

舍利和大雁塔模型。第四层供奉着两片贝叶经，上面刻着梵文。

第五层陈列着足迹碑，该碑模仿了石匠李天诏所刻制的佛足造像

以及玄奘鲜为人知的数首诗。第六层悬挂有唐代五位诗人所写的

佳作，每一篇读起来都朗朗上口，余味无穷。第七层是最高层，登至塔顶你会有一种"会当凌绝顶，一览众山小"的感受，站在这里你就能观赏到

古城的全景。塔顶上刻有象征圣洁的藻井，其正中央是一朵的莲花。

至今大雁塔经历了一千多年的风风雨雨，现已出现了较严重的倾斜。清朝康熙时，塔身向西偏北方向倾斜了近20厘米。20世纪末，塔的倾斜幅度竟然超过了1米。人们很担心它的安危，希望这座千年古塔能永远站立在大地上。后来奇迹出现了，这座古塔不仅停止了倾斜，而且还慢慢地转向原来的位置。这座千年古塔为什么会一年年地倾斜呢？又是什么原因使其慢慢地

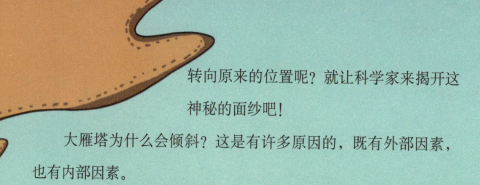

转向原来的位置呢？就让科学家来揭开这神秘的面纱吧！

大雁塔为什么会倾斜？这是有许多原因的，既有外部因素，也有内部因素。

大雁塔从建成至今经历了大大小小的地震数十次，并且历史上频繁的战争也使古塔受了很多损伤。特别是最近30年，经济得到快速发展，人们的生活水平好了，用水量非常大，于是人们开始过度地抽取大雁塔附近的地下水，加上气候干旱的原因，使得古塔附近和塔下的泥土不平衡地沉降，塔就出现了倾斜。另外，建造大雁塔的建筑材料差，防水、排水措施也很不科学、不完善，因而塔经常是湿漉漉的，这就容易损坏塔的坚固性。除此之外，塔身发生倾斜与这座塔所处的地质构造带也有很大关系。就好比一个东西放在两块木板之间，如果把其中一块木板抽走的话，那么这个东西就会发生倾斜。你一定会说，这

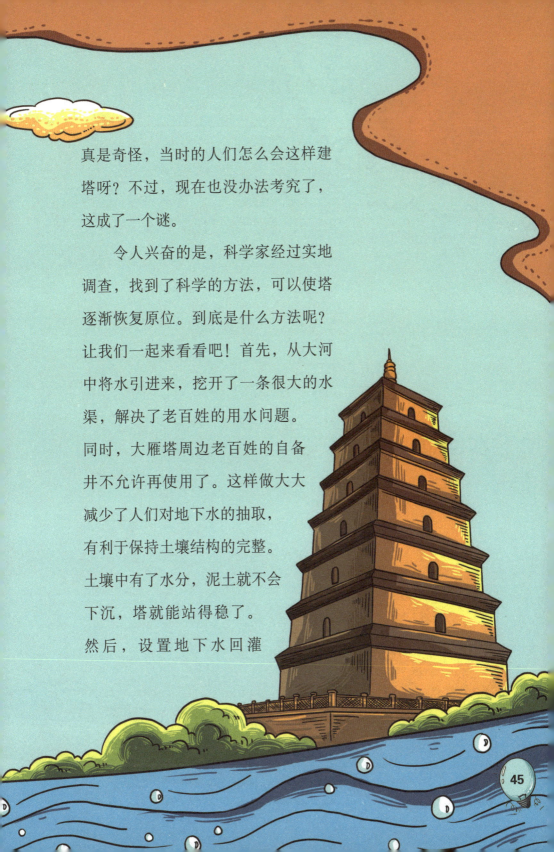

真是奇怪，当时的人们怎么会这样建塔呀？不过，现在也没办法考究了，这成了一个谜。

令人兴奋的是，科学家经过实地调查，找到了科学的方法，可以使塔逐渐恢复原位。到底是什么方法呢？让我们一起来看看吧！首先，从大河中将水引进来，挖开了一条很大的水渠，解决了老百姓的用水问题。同时，大雁塔周边老百姓的自备井不允许再使用了。这样做大大减少了人们对地下水的抽取，有利于保持土壤结构的完整。土壤中有了水分，泥土就不会下沉，塔就能站得稳了。然后，设置地下水回灌

点。塔的附近总共设了6个地下水回灌点。因为科学家经过多年的研究发现，地下水对塔的影响非常大。而地下水又分为两种，一种是浅层地下水，一种是承压地下水。到底是哪一种水对塔的影响最大，还是两种水的影响都很大呢？通过各种数据的分析发现，两种水对塔的稳定性都很重要。承压水的减少，会使塔往缺水的那边倾斜，如果回灌的话，就有利于持久承受塔身重量的变化。于是，人们采取了往地下灌水的办法，使地下水位恢复。提高了水位，地下水的环境得到了修复，这对已发生倾斜的大雁塔起到了积极的校正作用。在有了初步的成效之后，人们加大了地下

地下水回灌

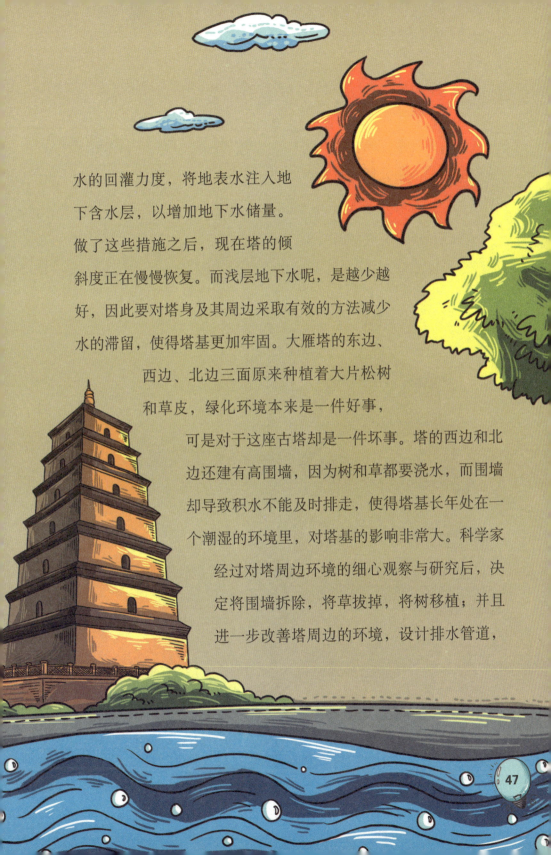

水的回灌力度，将地表水注入地下含水层，以增加地下水储量。

做了这些措施之后，现在塔的倾斜度正在慢慢恢复。而浅层地下水呢，是越少越好，因此要对塔身及其周边采取有效的方法减少水的滞留，使得塔基更加牢固。大雁塔的东边、西边、北边三面原来种植着大片松树和草皮，绿化环境本来是一件好事，可是对于这座古塔却是一件坏事。塔的西边和北边还建有高围墙，因为树和草都要浇水，而围墙却导致积水不能及时排走，使得塔基长年处在一个潮湿的环境里，对塔基的影响非常大。科学家经过对塔周边环境的细心观察与研究后，决定将围墙拆除，将草拔掉，将树移植；并且进一步改善塔周边的环境，设计排水管道，扩展空地面积，给大雁塔造就了一个干爽的环境。还有就是对塔顶、塔檐、塔座进行专业防渗处理，不让水渗入塔中。现在，这座古塔已经得到人们的重视和保护。专业部门在大雁塔的南北两侧打了两口探测井监测地下水位，每月观测一次，掌握水位变化，并且每年对大雁塔周围地面沉降情况和大雁塔振动情况进行监测，确保大雁塔的安全。做了这么多的努力之后，我们都真心地希望这座古塔能够永远屹立不倒！

涿州双塔为何
远看近看各不同

涿州双塔位于河北省涿州市老城内的东北角，两塔的高度不一致，南塔称为智度寺塔，共有5层；北塔称云居寺塔，共有6层。你还记得你所参观过的古塔的层数吗？通常，我国古代的塔层数都是奇数的。可是涿州双塔中的北塔真是奇怪，它与众不同，数来数去，层数都是偶数的。可是怎么会是偶数呢？难道是当时的建筑师特意建造的吗？还是后来发生了战事、地震或者强风雨的侵袭之后人们修葺导致的呢？因为年代久远，这已经无法考证了，文物

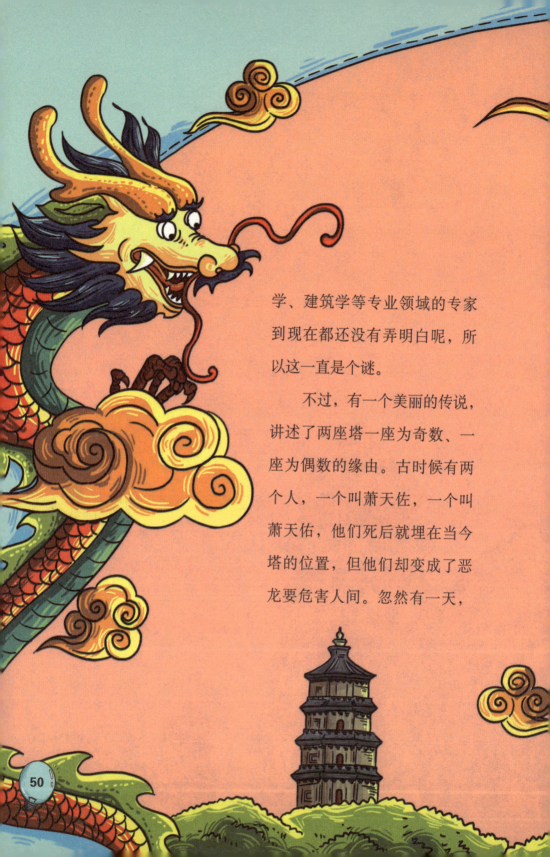

学、建筑学等专业领域的专家到现在都还没有弄明白呢，所以这一直是个谜。

不过，有一个美丽的传说，讲述了两座塔一座为奇数、一座为偶数的缘由。古时候有两个人，一个叫萧天佐，一个叫萧天佑，他们死后就埋在当今塔的位置，但他们却变成了恶龙要危害人间。忽然有一天，来了两位仙女，二人打算施法建造两座塔来困住这两条恶龙。其中一位仙女刚修建到第5层时，她的孩子要吃奶了，于是她放下了手中的活，回去给孩子喂奶。在另一位仙女修建完第6层时，那位仙女也已经给孩子喂完了奶。但此时，鸡鸣了，她们必须返回天庭。情急之下，一个仙女把自己纳鞋底的锥子，放在了塔顶；喂奶的仙女把扣锅的锅盖扣在了塔顶。所以现在看来，两座塔的塔顶一个是尖的，

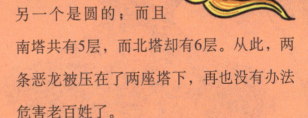

另一个是圆的；而且南塔共有5层，而北塔却有6层。从此，两条恶龙被压在了两座塔下，再也没有办法危害老百姓了。

双塔在辽代、元、明、清的时候都进行过一定的修葺。在1927年的一次大战中，南塔惨遭炮火袭击使得塔身的一部分残缺了；更加不幸的是，在唐山大

地震中塔顶又发生了坍塌，加之经历多年风雪，所以损毁十分严重。北塔也因为长时间没有修理，所以损毁严重。之后政府相关部门对其进行了大规模修缮，今日涿州双塔基本恢复了原貌。双塔一南一北，相互观望，相互照应，造型优美，交相辉映，充分展示了自身悠久的历史文化风貌和绚丽多姿的人文风貌，得到人们的赞颂。

南塔比北塔早约60年建成，两塔相距约300米，两塔都是呈八角形的仿木楼阁式的砖塔。两塔的设计都十分精巧。它的建筑材料是经过一层层精心挑选的，而且加工精细，这在我国古代建筑史上

　　有比较大的影响力。南塔第1层的每面分为三间，逐层向上递减，斗拱式样也跟着变化。从第1层至第4层采用的是45度斜拱；第5层用的是普通华拱，华拱两侧的空档就用柱头顶着，再用斜拱进行辅助支撑。第5层塔的中央设有一个巨大的用砖砌成的中心柱，用于支撑整个构架，这个中心柱建造得十分结实，可与现代的钢筋混泥土的支柱相媲美；第6层用的是60度斜拱。沿着塔内设的阶梯可登上塔顶，登高望远，一派生机勃勃的景象便映入眼帘。如果你将南塔与北塔进行比较的话，那么你就会发现，不仅双塔的层级数不一样、奇偶不一样，而且北塔斗拱样式的变化比南塔的

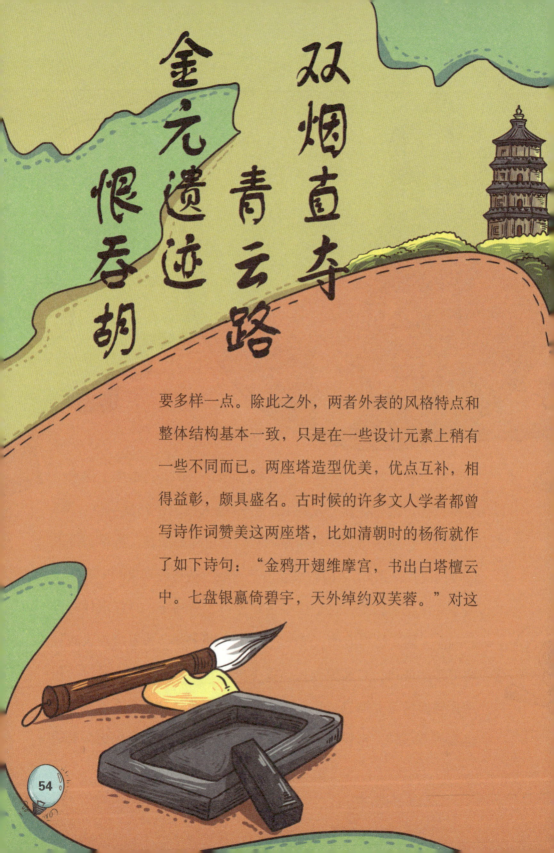

双烟直夺青云路

金元遗迹恨吞胡

要多样一点。除此之外，两者外表的风格特点和整体结构基本一致，只是在一些设计元素上稍有一些不同而已。两座塔造型优美，优点互补，相得益彰，颇具盛名。古时候的许多文人学者都曾写诗作词赞美这两座塔，比如清朝时的杨衔就作了如下诗句："金鸦开翅维摩宫，书出白塔檀云中。七盘银赢倚碧宇，天外绰约双芙蓉。"对这

两座塔进行了一番赞美。

　　当你看完双塔的这些介绍后，你会发现它们与其他的塔似乎没有什么不同的地方。其实，精彩的内容在后面呢！自古以来就有一句名诗将其描述得淋漓尽致，"双烟直夺青云路，金元遗迹恨吞胡。"说的是在天气晴朗的时候，远看双塔就能看到在其附近有几缕青烟缓缓升起，人们称其为"双塔青烟"。每当凌晨时分，双塔顶就会突然冒出青烟，有时呈蘑菇状团聚，有时像轻纱般随风飘荡，有时细柔细柔的，有时一缕一缕的，持续不断。这双塔好端端的怎么会冒烟呢？人们很是好奇。原来，以前在塔的周围很少有人居住，加上当时正是早春时节，地气比较旺盛，从地下会冒出气来。所以从远处看上去，地气比较浓厚，就像双塔在"冒烟"一样。

为何大炮轰不倒
开封铁塔

开封铁塔在最初建造的时候，其实是一座木塔，后来因为战火、天气等各种因素被毁坏了，人们就在原先的遗址上建造了这座铁塔。当然，这并不是真正意义上的铁塔！它并不像我们现在的那些建筑物一样，是采用钢铁铸成的。那么它究竟是用什么做材料的呢？为什么又把它称为"铁塔"呢？其实，这座塔的外壁用料并不是钢铁，而是深褐色琉璃砖，显得庄重凝厚，从外观看上去就像一座"铁塔"，因此，元朝以后人们称它为"铁塔"。

铁塔始建于北宋时期距今已有近千年的历史

这座铁塔位于河南省开封市城区东北边的铁塔公园内，始建于北宋时期，距今已有近千年的历史了。这座塔共有13层，呈八角形，是我国历史上现存最久远、最高大、最精美的琉璃塔。远观，它就像一只猛虎趴在地上，气势惊人；近看，从下往上看，一身都有浮雕。整座塔由外表到里面，从塔顶、飞檐、斗拱，到小的部件，做工都十分精细，美轮美奂，颇具艺术特征。建塔所用的砖，是专门烧制的各种形状的琉璃结构砖，形状、大小各种各样，多达20多种，这种特制的砖砌成塔身，既坚固美观又恰到好处。铁塔外面的褐色琉璃砖上有各种各样的花纹图案，有麒麟、狮子、花卉等等，数一数，有50多种呢！其中每块琉璃砖都是艺术品，造型优美，神态生动，堪称宋代砖雕艺术的杰作。整座塔集北宋琉璃工艺之大成，

享有"天下第一塔"的美誉。这座塔一共有两扇门，一扇为北门，一扇为南门，其中南门上有一块"天下第一塔"的门匾。底层下有一个水池，上面

有一座小桥，人可以从小桥上走过。从这里可以看出，原来这座塔是建在水中的呀！一座水中之塔，

天下第一塔

实属罕见啊！可是，为什么
现在已经看不到以前的那大片的水域
了呢？其实，在明朝末年时，人们发现，铁塔已经被淤
泥埋了一米多高。人们为了保护这座雄伟的古塔，就将
塔座下的水池和北面的小桥填平了，只留下了人们现在
所看见的铁塔。

　　开封铁塔经历了宋、金、元、明、清五个朝代，以及民国、
抗日战争、解放战争和中华人民共和国的漫长时期，遭遇过战
争，还有气象灾害。它称得上是经历了"九九八十一难"啊！它
曾经遭受数十次的地震、冰雹、水灾和风灾，特别是在抗日战争
时期，还遭到了日本侵略军的炮轰，塔身千疮百孔，但是它却宛

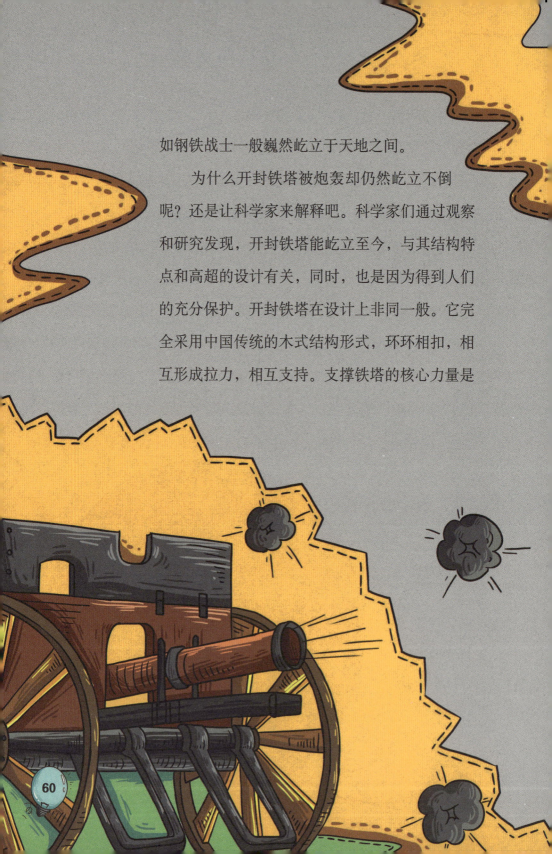

如钢铁战士一般巍然屹立于天地之间。

为什么开封铁塔被炮轰却仍然屹立不倒呢？还是让科学家来解释吧。科学家们通过观察和研究发现，开封铁塔能屹立至今，与其结构特点和高超的设计有关，同时，也是因为得到人们的充分保护。开封铁塔在设计上非同一般。它完全采用中国传统的木式结构形式，环环相扣，相互形成拉力，相互支持。支撑铁塔的核心力量是

塔心柱，其他的各种外壁砖瓦构件都与塔心柱紧紧扣接在一起，形成了非常强的抗震体系，这在900多年前是非常了不起的发明。而且铁塔每层都建有明窗，这种窗户具有多种实用功能，比如透光、通风、瞭望、减轻强风对塔身的冲击力等等。明窗按照一层向北、二层向南、三层向西、四层向东的顺序安置，一直到塔的最高层。建筑师们用高超的智慧设计了如此完美的铁塔，才让其以卓绝的建筑艺术及宏伟秀丽的身姿而驰名中外，令人赞不绝口。

文峰塔为何能 "倒立" 千年

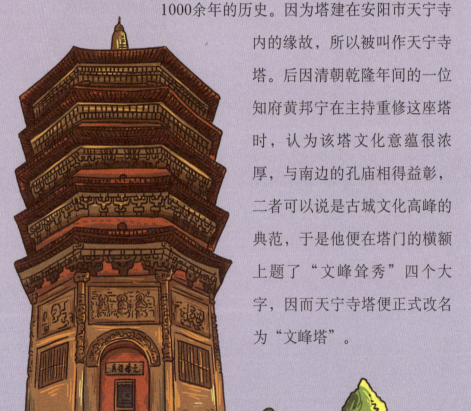

文峰塔位于河南省安阳市，距今已有1000余年的历史。因为塔建在安阳市天宁寺内的缘故，所以被叫作天宁寺塔。后因清朝乾隆年间的一位知府黄邦宁在主持重修这座塔时，认为该塔文化意蕴很浓厚，与南边的孔庙相得益彰，二者可以说是古城文化高峰的典范，于是他便在塔门的横额上题了"文峰耸秀"四个大字，因而天宁寺塔便正式改名为"文峰塔"。

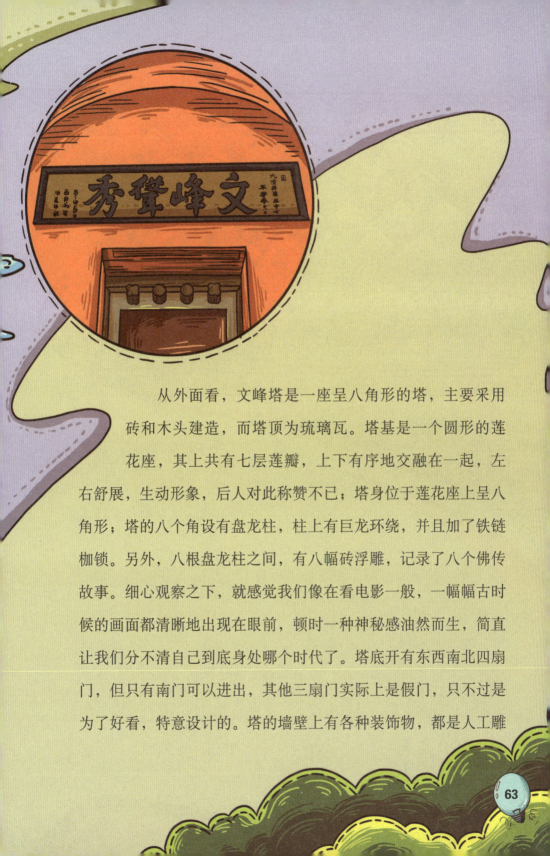

从外面看，文峰塔是一座呈八角形的塔，主要采用砖和木头建造，而塔顶为琉璃瓦。塔基是一个圆形的莲花座，其上共有七层莲瓣，上下有序地交融在一起，左右舒展，生动形象，后人对此称赞不已；塔身位于莲花座上呈八角形；塔的八个角设有盘龙柱，柱上有巨龙环绕，并且加了铁链枷锁。另外，八根盘龙柱之间，有八幅砖浮雕，记录了八个佛传故事。细心观察之下，就感觉我们像在看电影一般，一幅幅古时候的画面都清晰地出现在眼前，顿时一种神秘感油然而生，简直让我们分不清自己到底身处哪个时代了。塔底开有东西南北四扇门，但只有南门可以进出，其他三扇门实际上是假门，只不过是为了好看，特意设计的。塔的墙壁上有各种装饰物，都是人工雕

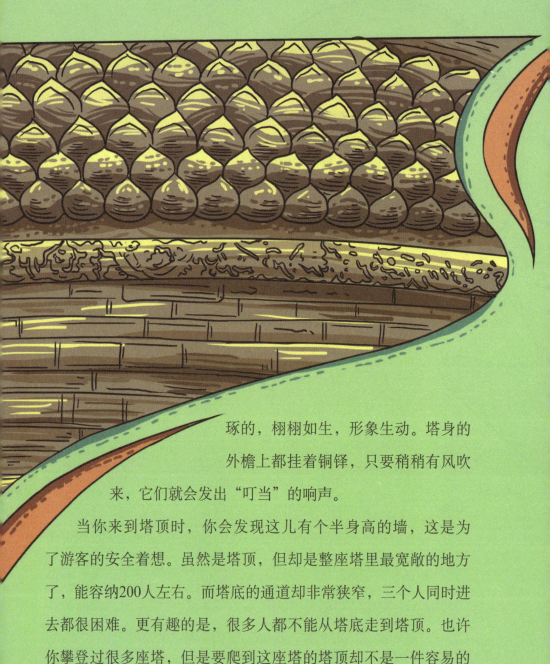

琢的，栩栩如生，形象生动。塔身的外檐上都挂着铜铎，只要稍稍有风吹来，它们就会发出"叮当"的响声。

当你来到塔顶时，你会发现这儿有个半身高的墙，这是为了游客的安全着想。虽然是塔顶，但却是整座塔里最宽敞的地方了，能容纳200人左右。而塔底的通道却非常狭窄，三个人同时进去都很困难。更有趣的是，很多人都不能从塔底走到塔顶。也许你攀登过很多座塔，但是要爬到这座塔的塔顶却不是一件容易的事。到底是什么原因呢？其实这座塔并不是很高，但是，每个台阶的高度几乎超过膝盖。如此高的台阶，走不了多久就腰酸背痛、脚抽筋了，以致很多人放弃了攀登此塔。这座塔的底座是佛教风格，而塔的顶部却有一个葫芦状小塔刹，形如喇嘛塔，一座塔竟然设计成两种风格，这是极少见的。还有，我们看过的大多数的塔都是下面最大，越往上就越小。可是文峰塔却与众不同，违反常规，竟然是上面大，下面小，就像一把伞一样。像这样的塔能屹立千年，可真是奇迹啊！

上大下小倒立的文峰塔在千年的岁月中可以说是危难重重，可又为何能屹立不倒呢！这不得不让我们赞叹建筑师们的智慧和高超的建筑艺术。

　　科学家经过认真测量，比较分析了大量资料，总结了文峰塔千年不倒的多种原因：首先，文峰塔的地基非常坚固。一座建筑的地基一定要牢固，就好比我们堆积木一样，最底下的一层一定要稳固，要不然再往上堆的话就很容易倒塌。为了地基的牢固，人们在地基中添加了一种能使土壤更加坚固的成分，几乎能达到混凝土的效果。从这一点可以看出古人真的很聪明！然后是将文峰塔设计成平面八角形，这种结构可以形成相互的拉力，不易倒向一边。当来了强风或大地震的时候，这种结构可以相互支持着，塔身就不会像方形的木塔那样发生扭曲或变形。建筑物转角如果是锐角的话，那么它所承受的压力就大，更容易损坏；但如

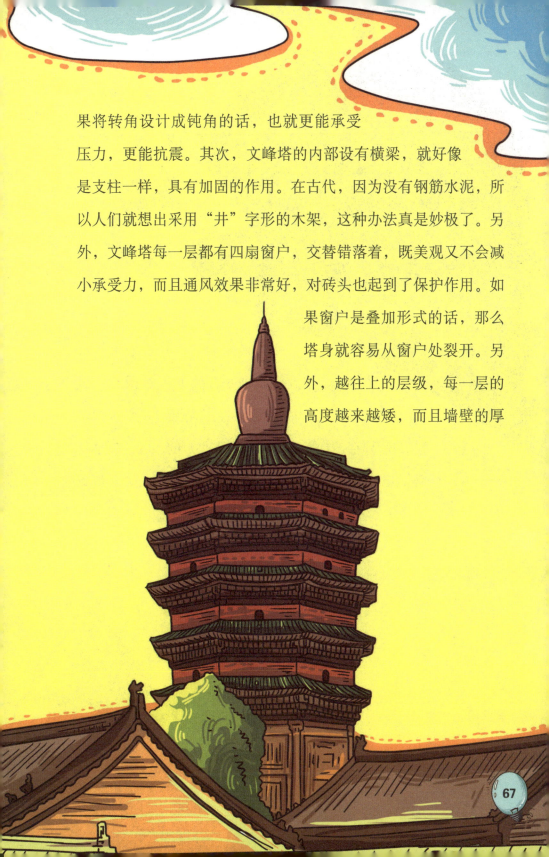

果将转角设计成钝角的话，也就更能承受
压力，更能抗震。其次，文峰塔的内部设有横梁，就好像
是支柱一样，具有加固的作用。在古代，因为没有钢筋水泥，所
以人们就想出采用"井"字形的木架，这种办法真是妙极了。另
外，文峰塔每一层都有四扇窗户，交替错落着，既美观又不会减
小承受力，而且通风效果非常好，对砖头也起到了保护作用。如
果窗户是叠加形式的话，那么
塔身就容易从窗户处裂开。另
外，越往上的层级，每一层的
高度越来越矮，而且墙壁的厚

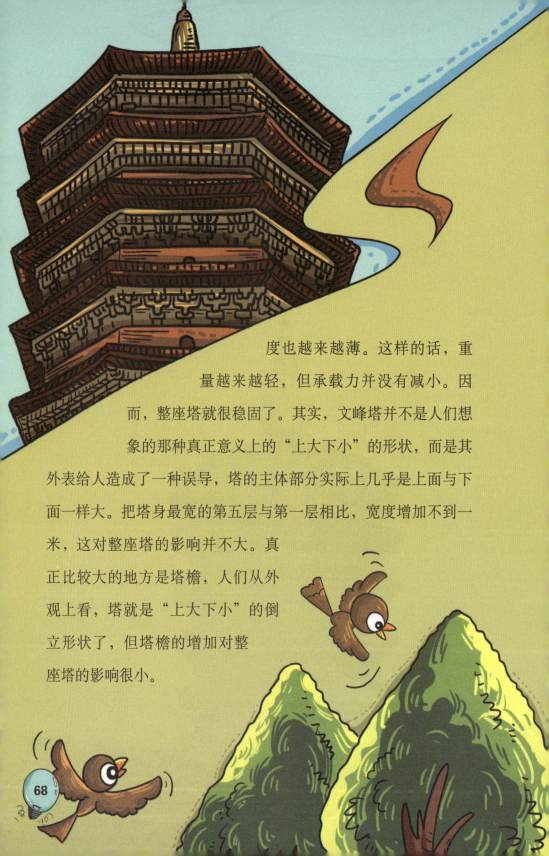

度也越来越薄。这样的话，重量越来越轻，但承载力并没有减小。因而，整座塔就很稳固了。其实，文峰塔并不是人们想象的那种真正意义上的"上大下小"的形状，而是其外表给人造成了一种误导，塔的主体部分实际上几乎是上面与下面一样大。把塔身最宽的第五层与第一层相比，宽度增加不到一米，这对整座塔的影响并不大。真正比较大的地方是塔檐，人们从外观上看，塔就是"上大下小"的倒立形状了，但塔檐的增加对整座塔的影响很小。

应县木塔为何能站立千年

你参观过纯粹用木头建造的塔吗？应县木塔就是这样一座以纯木为材料而耸立千年的塔。它位于山西省应县城内，始建于辽清宁二年（1056年），是我国现存最高、最古老的纯木结构古塔。这多么神奇啊！现代人用钢筋水泥建造的塔，都难以保证耸立千年，可是这座用木材建造的塔却做到了。难道古人有魔法吗？那就让我们一起来看看这座古塔是怎么做到的吧！

这座塔确实十分独特，站在远处就可以看出，这是一座拥有精美绝伦的建筑艺术的古塔。这座塔呈八角形，一共有九层。第一

层有两层厚，非常结实。古人将地基建得十分牢固，这是这座塔为什么能站立千年的原因之一。从第二层开始，在塔的里面设有木梯，通过木梯可到达最顶层。从第二至第五层每一层设有四扇门，柔和的阳光可以直射进来，非常明亮。人们也可以透过窗户，观看远处的美景。小草、小树以及各种小动物、在田间的劳作的人们……都能收入眼底，一幅多么美丽的田园风景画啊！是不是有点像陶源明所追求的世外桃园呢？

这座塔的每一层都

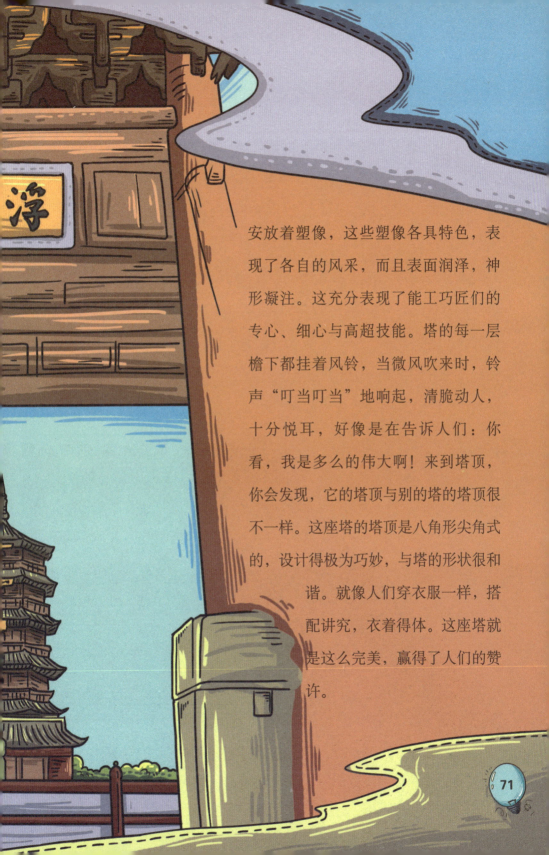

安放着塑像，这些塑像各具特色，表现了各自的风采，而且表面润泽，神形凝注。这充分表现了能工巧匠们的专心、细心与高超技能。塔的每一层檐下都挂着风铃，当微风吹来时，铃声"叮当叮当"地响起，清脆动人，十分悦耳，好像是在告诉人们：你看，我是多么的伟大啊！来到塔顶，你会发现，它的塔顶与别的塔的塔顶很不一样。这座塔的塔顶是八角形尖角式的，设计得极为巧妙，与塔的形状很和谐。就像人们穿衣服一样，搭配讲究，衣着得体。这座塔就是这么完美，赢得了人们的赞许。

这座木塔能屹立于大地，是经受住了严峻考验的。特别是，它遭遇了多次地震，却依然稳固地站立着，真称的上是英雄好汉了！在元朝时，地震的时间竟长达七天，但木塔丝毫没有受到损伤，这不得不令人敬佩。可是这究竟是什么原因呢？

专家经过仔细地研究发现：首先，木塔的木材是经过精心挑选的。其次，设计上采用了汉朝、唐朝以来具有民族特色的重楼形式。匠人们非常重视吸取前人的经验和技巧，广泛采用斗拱结构，每个斗拱都有一定的组合形式。这座塔里最出彩的地方是斗拱将梁、坊、柱结合成一个整体，在每一层都形成一道呈八边形

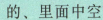

的、里面中空

的结构框架，且框架间并没有使用铁钉，全是依靠拱梁架将各个部分组合成一个紧凑而稳固的整体。木塔的内外各有一道这种结构框架。这种设计构造完美、缜密而科学，简直是巧夺天工，在我国古代建筑史上，其设计艺术可以说是达到了最高水平。然后是各层均用内、外两圈木柱支撑，木柱之间使用了许多斜撑、梁、枋和短柱，组成不同方向的复梁式木架。每一层之间夹有暗层。暗层中大量使用斜撑，结构上起圈梁作用，加强了木塔结构的整体性。这些精巧的设计有一个重要的特点，那就是大木头与小木头交替使用，相互

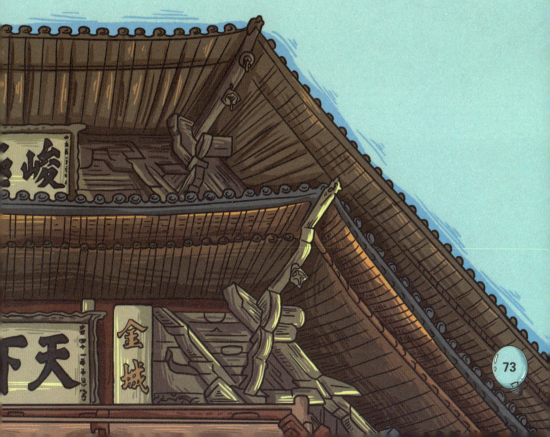

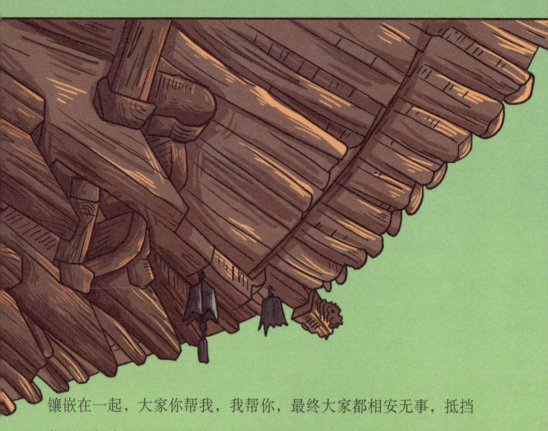

镶嵌在一起，大家你帮我，我帮你，最终大家都相安无事，抵挡住了最危险的敌人的进攻。应县木塔经历了900多年的风雨、地震和战火的侵袭后仍然保存完好，除其塔基牢固，结构科学等内部因素外，历代不断的维修也起了很大作用，特别是中华人民共和国成立以后，对其进行了系统地修缮和管理。

应县木塔的坚强来自于古代匠人的认真负责、不图名、不图利的精神。当你站在塔下，仔细地观察整座木塔，无论从塔基到塔顶，还是从塔外到塔内，它处处都反映和凸现着古代匠人做事认真、干活细致的优良品质。这些匠人当年造塔时，原本是受命而为，他们压根儿就没想过留名和出名，他们想的只是匠人的职责。他们把自己做的每一件活都和自己的良心和职责紧紧连在一起，大到整个结构，小到一木一石、一铆一钉。就是因为这些匠人伟大的品格，一座由纯木构造而成、无一寸铁钉连结的木塔，尽管经受了近千年风雨的侵袭，无数次地震的侵扰，不计其数的雷电、战火的袭击，但至今依然拔地擎天、巍然鹤立于天地之间，它不愧为世界罕见的建筑奇迹。

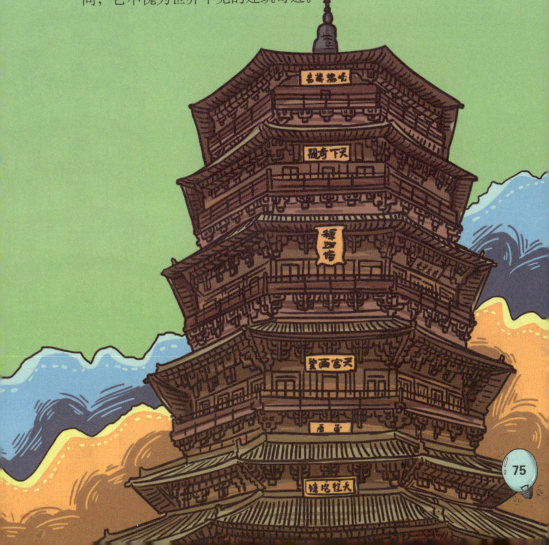

"不倒翁"般的开元寺塔

开元寺塔位于河北省定州市，始建于宋朝，是世界上现存最高的砖木结构古塔。著名古建筑专家罗哲文称其为"中华第一塔"。开元寺塔从始建至今，已有几百年的历史。在长达数百年的风雨剥蚀中，此塔经历了十几次地震，但仍巍然耸立。这是什么原因呢？让我们一起来看看这座塔的设计艺术吧！

开元寺塔呈八角形，楼阁式的，共有十一层，它一改早期塔的四方形，显得雄伟大方，秀丽丰满。该塔由塔基、塔身和塔刹三部分组成。塔身共十一级，从下至上逐层收缩，塔底层高度高于其他层，全塔越向上

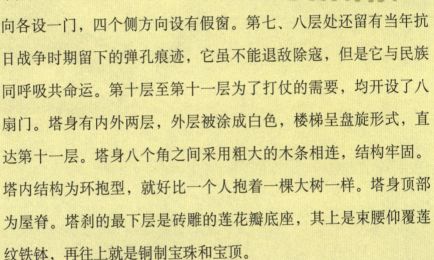

塔径越小，层高越矮，上部轮廓呈弧线内收，略近梭形。从第一层至第九层按东南西北的方向各设一门，四个侧方向设有假窗。第七、八层处还留有当年抗日战争时期留下的弹孔痕迹，它虽不能退敌除寇，但是它与民族同呼吸共命运。第十层至第十一层为了打仗的需要，均开设了八扇门。塔身有内外两层，外层被涂成白色，楼梯呈盘旋形式，直达第十一层。塔身八个角之间采用粗大的木条相连，结构牢固。塔内结构为环抱型，就好比一个人抱着一棵大树一样。塔身顶部为屋脊。塔刹的最下层是砖雕的莲花瓣底座，其上是束腰仰覆莲纹铁钵，再往上就是铜制宝珠和宝顶。

　　每层塔的塔檐，都是用砖头一层层堆叠向外挑出，又叫叠涩，托出一个平台来。每层塔檐的檐角上都有挑檐木，挑檐木上都挂着大铃铛，当风吹过，铃铛就会叮叮当当作响。从远处看开元塔，就像古代住的阁楼，高耸入云。开元寺塔从底部到顶部，塔檐一层一层地内收，又让开元寺塔显得十分的秀丽。

这座塔不仅雄伟壮丽，而且建筑风格也是别具一格，塔身的内外两层是由回廊连接，形成了塔中有塔的建筑奇观。开元寺塔内还有一直通向塔顶的阶梯，回旋盘绕，如同通往天上的楼梯一般。如此环环相扣的建筑艺术，使得整座塔牢固地形成一个整体，并扎根于地下。正是这种伟大的建筑艺术，才使得这座古塔能抵遇十几次的大地震而不倒。当然，每次地震后，人们都会对塔进行一次维修。当年为了增大砖与砖之间的拉力，其内部建筑就需要松柏作材料，因而当地一直流传着这样一个民谣："砍尽嘉山（在曲阳县）木，建成定州塔"。从此塔修造时间之长，用料之繁多，可以想见当年建造工程之浩大。整个开元寺塔的造型十分壮观，远观之，塔身既丰满又不失秀美，气势雄浑。当登上塔顶的时候，有"一览众山小"的旷达感觉，更有"东观碧海连天，西看嘉山虎踞，北视滱水龙盘，南眺银河茫茫"之感，足见开元寺塔的雄伟壮丽！

开元寺塔建造得如此牢固也是古代军事上的需求。古代，辽国不断南下掠夺边境老百姓的物质财富，而且危害越来越大，这严重影响了宋朝统治者的安危，皇帝寝食难安。定州自古就被称为"九州咽喉"，这里不仅土地肥沃，幅员辽阔，而且是一个战略要地。连年的烽火、战事使得

定州不仅是重要的屯兵之地，更是宋、辽两国的主战场。在紧张的政治、军事历史背景下，这里必然成为兵家的必争之地。建造这座塔可观望敌情，从而达到预料敌情的目的。由于军事上的需求，这塔就需要建造得十分牢固，否则不但达不到军事目的，反而会带来更大的危险。

开元寺塔建造结构独特，结实牢固，历经十几次大地震而不倒，简直称得上是"不倒翁"，其建造技艺很值得后人学习。

龙峰塔为何被称为"国宝"

龙峰塔，又名龙德寺塔，位于浙江省金华市浦江县，建造于北宋时期。塔的第三、四层中间有刻着"皇宋天禧元年（1017年）六月一日，蝗虫届邑，往来五天，不伤禾苗，因诉道场乃归""大中祥符丙辰（1016年）""皇宋天喜（禧）元年上旬弟子朱胜专到塔敬塔"等铭文的砖。这些铭文砖记载着皇族和名人来

此观赏游览的时间。由此可见此塔在当时的知名度是很高的。虽然这座塔历经近千年的岁月沧桑，频遭兵火之灾，但是至今依然巍然屹立。有趣的是，当时人们并没有意识到这座古塔是一件宝物。直到该县的文物部门把它申报为全国重点文物保护单位时，人们才猛然醒悟，原来这座塔竟存留近千年了，它见证了浦江过往的沧桑岁月，是古人留给后世的宝贵财富。

龙峰塔是采用砖和木材作为材料的，木材天生有一个弱点，那就是怕火。中国的历史上发生过许许多多的战乱，也毁坏了许多建筑，因此龙峰塔多次遭遇兵火之灾也就不足为奇了。清朝初

年龙峰塔又遭受了大火的侵袭，凡是由木材作
材料的各类物品，包括扶梯在内全部被烧毁，
只留下一座光秃秃的塔身。这是谁干的呢？难道只是一次意外的
失火吗？让我们一起来回顾一下历史吧！

　　康熙时期，有一个藩王叫吴三桂，他不服朝廷的管辖，在
云南发起兵变。一些反对清朝政府的人都纷纷响应，他们组成为
一个团体，共同谋反。与此同时，福建藩王耿精忠也跟着一道起
兵，试图脱离清政府的管辖，建立自己的地盘；广东藩王尚可喜
也跟着闹事。由于三人同时发起叛乱，所以历史上称之为"三藩
之乱"。当时的浙江是耿精忠的老巢，他召集各类

三藩之乱

人马，习武训练，备足粮草。同时，境内民众纷纷响应，踊跃报名参战，队伍十分庞大，他们根本不理睬清政府地方官的管辖，因而朝廷把他们贬为"土寇"。康熙皇帝听到这个消息后十分惊恐，立刻派人前往浙江镇压。清政府采取"抚剿并用"的策略，一方面试图将耿精忠招安；另一方面想尽各种办法企图瓦解耿精忠的人马，使他们彼此之间失去信任，相互猜忌，从而使队伍四分五裂，甚至互相残杀。就是在这场反叛乱的斗争中，龙峰塔成了牺牲品。清政府对"三藩"招安的策略并

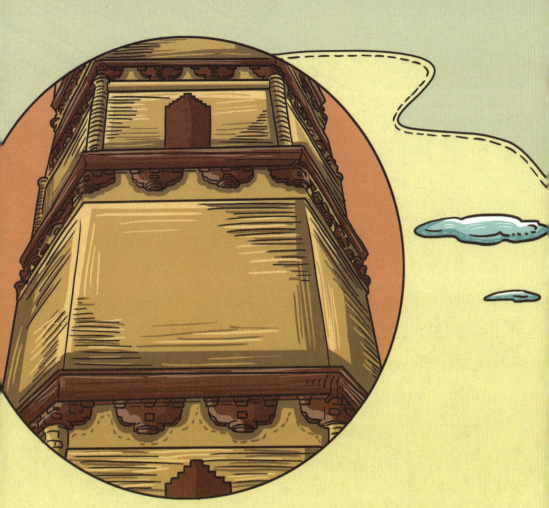

没有获得明显成效，只好立即采取瓦解的办法。于是，清政府想了一条诡计，他们命令手下人悄悄放火烧塔，然后嫁祸给耿精忠部，挑拨耿精忠部与浦江当地"土寇"的关系，致使耿精忠失去民心，唯有接受招安。这一离间计确实达到了一定的效果，但这座塔却成为了牺牲品。

龙峰塔经过这次大的毁坏之后，再加上长年风化和人为破坏的缘故，已经残破不堪了，塔身也略有倾斜；如果不及时

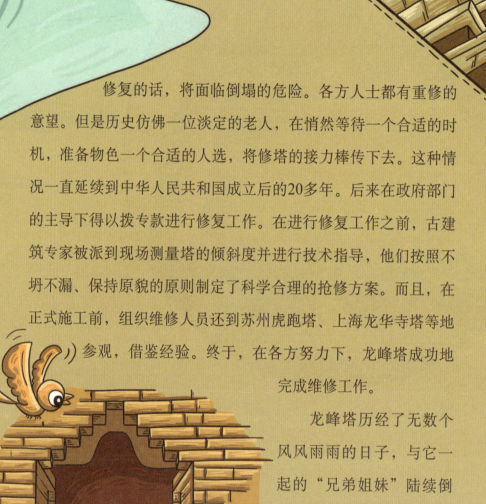

修复的话，将面临倒塌的危险。各方人士都有重修的意望。但是历史仿佛一位淡定的老人，在悄然等待一个合适的时机，准备物色一个合适的人选，将修塔的接力棒传下去。这种情况一直延续到中华人民共和国成立后的20多年。后来在政府部门的主导下得以拨专款进行修复工作。在进行修复工作之前，古建筑专家被派到现场测量塔的倾斜度并进行技术指导，他们按照不坍不漏、保持原貌的原则制定了科学合理的抢修方案。而且，在正式施工前，组织维修人员还到苏州虎跑塔、上海龙华寺塔等地参观，借鉴经验。终于，在各方努力下，龙峰塔成功地完成维修工作。

龙峰塔历经了无数个风风雨雨的日子，与它一起的"兄弟姐妹"陆续倒下，有的甚至"尸骨"无存，可它却幸运地保存了下来，"国宝"的荣誉它

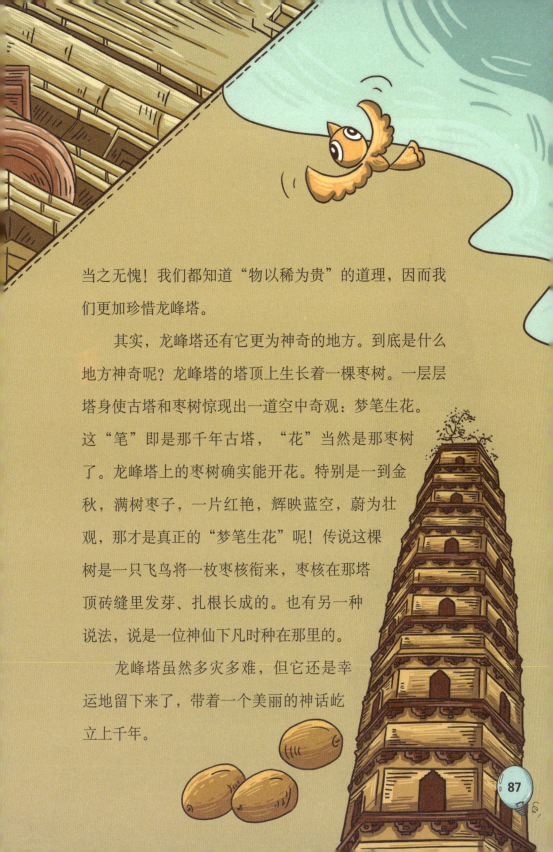

当之无愧！我们都知道"物以稀为贵"的道理，因而我们更加珍惜龙峰塔。

其实，龙峰塔还有它更为神奇的地方。到底是什么地方神奇呢？龙峰塔的塔顶上生长着一棵枣树。一层层塔身使古塔和枣树惊现出一道空中奇观：梦笔生花。这"笔"即是那千年古塔，"花"当然是那枣树了。龙峰塔上的枣树确实能开花。特别是一到金秋，满树枣子，一片红艳，辉映蓝空，蔚为壮观，那才是真正的"梦笔生花"呢！传说这棵树是一只飞鸟将一枚枣核衔来，枣核在那塔顶砖缝里发芽、扎根长成的。也有另一种说法，说是一位神仙下凡时种在那里的。

龙峰塔虽然多灾多难，但它还是幸运地留下来了，带着一个美丽的神话屹立上千年。

87

为何东塔的塔顶饰能避雷

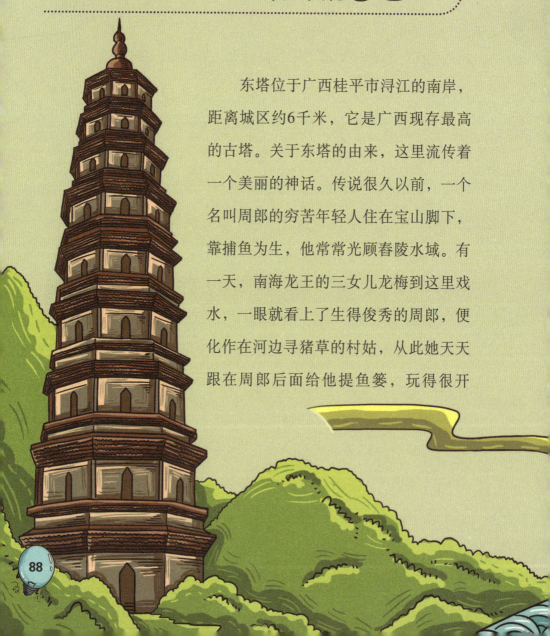

东塔位于广西桂平市浔江的南岸，距离城区约6千米，它是广西现存最高的古塔。关于东塔的由来，这里流传着一个美丽的神话。传说很久以前，一个名叫周郎的穷苦年轻人住在宝山脚下，靠捕鱼为生，他常常光顾春陵水域。有一天，南海龙王的三女儿龙梅到这里戏水，一眼就看上了生得俊秀的周郎，便化作在河边寻猪草的村姑，从此她天天跟在周郎后面给他提鱼篓，玩得很开心。龙梅对周郎日久生情，可是她又怕周郎只是金玉其外。为了试探周郎的才华，龙女便出了一上联"峰上栽枫，风卷枫动峰不动。"要他对出下联，周郎思索一会儿后答道："洲面泊舟，周撑舟移洲不移。"自此，龙梅爱上了才貌双全的周郎，许以终身。后来，龙王从巡河夜叉嘴里得知此事，一气之下派兵捉拿龙梅回龙宫问罪。同时脾气暴躁的龙王为

了发泄愤怒，在舂陵水里兴风作浪，掀起的巨大的浪花很快淹没了沿岸的庄田。龙梅见百姓为此受牵连，于心不忍。于是把她的碧玉钗投入水中，顷刻间，出现了一座大山挡住了洪水。后来玉钗又变为擎天柱耸立山上，这时周郎把船泊到山边拴在柱上，百姓与周郎才得以安然无恙。后人为了纪念龙梅而在山上建了一座宝塔，此山被后人命名为鹿峰，又在州城东，故称为鹿峰塔或东塔。

这座塔的特别之处在于，它并不是一次完工的，最开始是在明朝知县刘万安的倡导下修建的。不幸的是，这座塔刚建至第

二层时，刘万安便病逝了。后来，御吏李仲熊、知府葛元认为应该将塔修建完，最终在大家的努力下顺利地将塔建成九级。为了纪念刘万安的功绩，人们在塔旁立了一块"遗爱碑"作纪念。这座塔如今已有400多年的历史了，它直插云霄，气势宏伟。整座塔高约50米，采用砖木结构，基底用每块几百斤重的石头砌成，基础坚固无比；而且墙体坚厚，厚度达4米。此塔八面空心呈锥形，有门进出，每层均有通风孔。和其他的古塔相似，该塔的八角也吊有风铃。

这座古塔的高度，与今天的高楼相比，肯定是矮小的，可在当时的条件下，算是屈指可数的大建筑了。我们知道，越高的建筑越容易遭雷电劈打，那时又没有发明避雷针，那么东塔是怎么避雷的呢？

原来，这座塔的塔顶装饰着一个铜葫芦。原来是为了"镇邪"、保平安的，同时也是为了使塔顶更加美观，于是才加了这样一个一千多斤重的铜葫芦。没想到，实际上，这个铜葫芦却起到了避雷的作用，从而使得这座古塔免遭雷电的劈打，真是歪打正着啊！自然之美与古典之美在东塔的身上得到完美的融合，也赋予了古塔许多内涵，东塔的神采给每个人都留下了深刻的印象。那个铜葫芦虽然属于巧合，但它的丰功伟绩却非常值得赞扬，它保护的不仅仅是塔，更是千年的文化。

黄泥粘砌的
嵩岳寺塔

嵩岳寺塔，位于河南省郑州登封市的嵩岳寺内。有趣的是，塔基与塔身在魏国时期就建好了，而塔尖却在唐朝才建造好。该塔至今已有1500年历史。

从远处我们可以看见嵩岳寺塔的外观呈现一条十分优美的曲线，蜿蜒而上，就像盘山公路似的，试图爬到天上去。这条曲线柔和丰圆，饱满韧健，似在向人们表达："我的年龄虽然大了，可我依

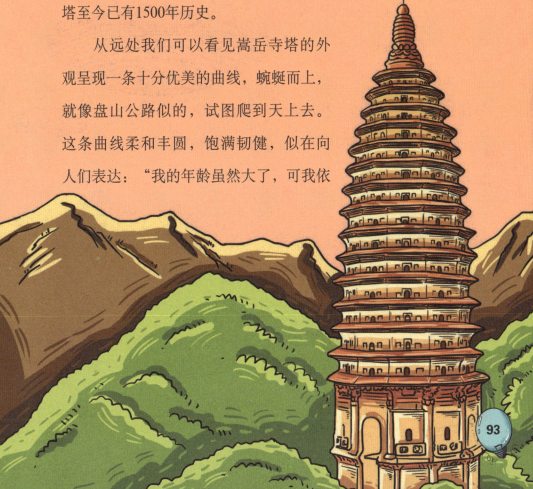

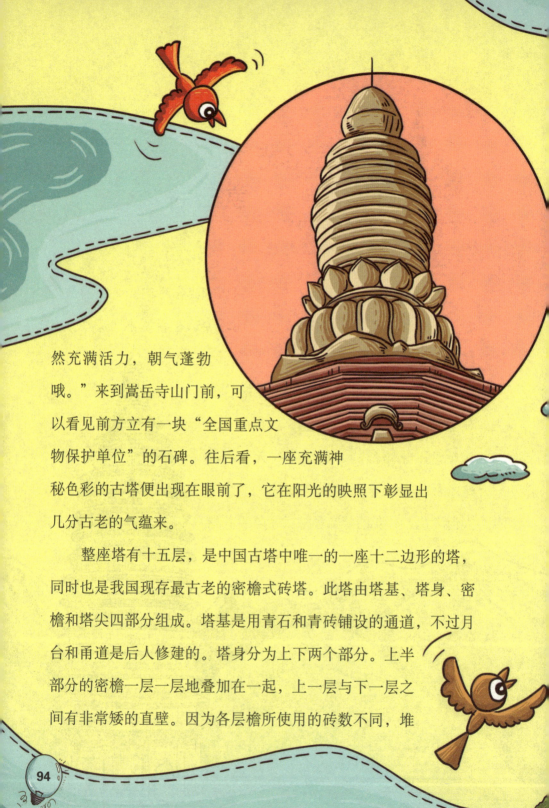

然充满活力，朝气蓬勃
哦。"来到嵩岳寺山门前，可
以看见前方立有一块"全国重点文
物保护单位"的石碑。往后看，一座充满神
秘色彩的古塔便出现在眼前了，它在阳光的映照下彰显出
几分古老的气蕴来。

　　整座塔有十五层，是中国古塔中唯一的一座十二边形的塔，
同时也是我国现存最古老的密檐式砖塔。此塔由塔基、塔身、密
檐和塔尖四部分组成。塔基是用青石和青砖铺设的通道，不过月
台和甬道是后人修建的。塔身分为上下两个部分。上半
部分的密檐一层一层地叠加在一起，上一层与下一层之
间有非常矮的直壁。因为各层檐所使用的砖数不同，堆

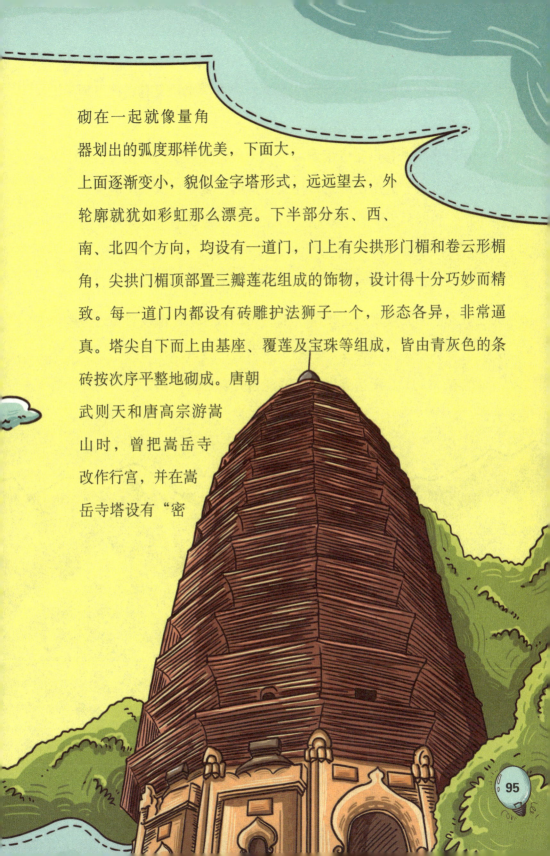

砌在一起就像量角
器划出的弧度那样优美，下面大，
上面逐渐变小，貌似金字塔形式，远远望去，外
轮廓就犹如彩虹那么漂亮。下半部分东、西、
南、北四个方向，均设有一道门，门上有尖拱形门楣和卷云形楣
角，尖拱门楣顶部置三瓣莲花组成的饰物，设计得十分巧妙而精
致。每一道门内都设有砖雕护法狮子一个，形态各异，非常逼
真。塔尖自下而上由基座、覆莲及宝珠等组成，皆由青灰色的条
砖按次序平整地砌成。唐朝
武则天和唐高宗游嵩
山时，曾把嵩岳寺
改作行宫，并在嵩
岳寺塔设有"密

室"，传说里面藏有不少珍宝，不过，考古学家并没有在此发现任何宝藏。

1500多年来，嵩岳寺塔历经多次地震、无数的风雨侵袭，可是仍不倾不斜、巍然矗立，是什么神奇的力量使得这一切成为现实的呢？聪明的古人自有妙招。专家们通过专业的设备和先进的技术，再运用科学的方法进行分析，最终揭开了这个谜底。

这座塔能屹立不倒的奥秘在于其独特的用料和精巧的设计。走进塔内，你会发现建造该塔所用的材料，你从来都没有见过。既不是用木材相扣在一起，也不是像木塔一样可以使用钉子，更不可能有水泥了。嵩岳寺塔所用的建筑材料非常特别，它采用糯米汁、黄泥等材料，按照一定的用料比例制成粘连浆。使用这种

粘连浆可以将两块砖牢牢地粘连在一起，十分坚固，这是古代首创的技术，更是一种独特的方法。整座塔的设计从多方面、多个角度考虑，运用了地质、几何、物理、化学等各种科学知识。精巧的设计使得嵩岳寺塔具有稳定的结构，并且周边的影响因素被减少到了最低程度，有效地给古塔营造了一个舒适的"生存"环境。嵩岳寺塔以其独有的造型和特有的建造方法成为我国古代建筑史上的千古绝唱，后来建造的许多塔，如小雁塔等都是仿照嵩岳寺塔来建造的。出色的设计，造就了气势雄伟的屹立千年的古塔，我们不禁感叹，古代的建筑师是多么的伟大呀！

须弥塔的天宫秘密是什么

须弥塔,俗称砖塔、方塔。现在的须弥塔是在唐朝时重建的,位于河北省正定县内。须弥塔虽经历代维修,但依然保持着唐朝时的建筑风格,它是正定古城"四塔"之一,是我国建筑宝库的珍贵遗产。

塔的外观清秀挺拔,简朴大方,与西安的小雁塔在外形上很相似,但始建的年代要比小雁塔早

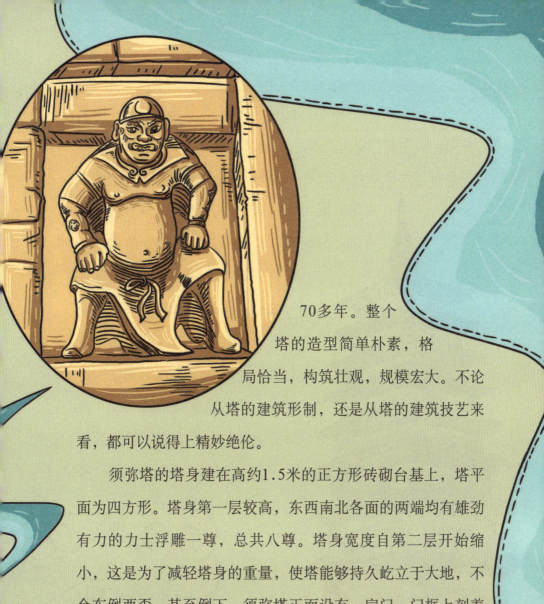

70多年。整个塔的造型简单朴素，格局恰当，构筑壮观，规模宏大。不论从塔的建筑形制，还是从塔的建筑技艺来看，都可以说得上精妙绝伦。

须弥塔的塔身建在高约1.5米的正方形砖砌台基上，塔平面为四方形。塔身第一层较高，东西南北各面的两端均有雄劲有力的力士浮雕一尊，总共八尊。塔身宽度自第二层开始缩小，这是为了减轻塔身的重量，使塔能够持久屹立于大地，不会东倒西歪，甚至倒下。须弥塔正面设有一扇门，门框上刻着花瓶、花卉等图案。门楣上端镶嵌着长方形石匾，上面镌刻着"须弥峭立"四个楷书大字，须弥塔也正是因为这四个大字而得名。塔的每一层的四角都悬挂着风铃，风一吹，"叮当叮当"地响着，悦耳动听。须弥塔内呈空筒式，也就是说是空心的，人们不能登到塔顶。因为该塔的内壁呈垂直状，上下贯通。从第二层开始的以上八层，虽然设有一个方形小窗，可惜没有设置台阶，无法攀登上去观看外景。塔顶原有四枚铜铸椭圆形

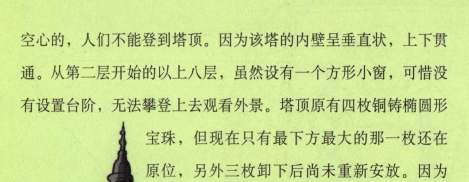

宝珠，但现在只有最下方最大的那一枚还在原位，另外三枚卸下后尚未重新安放。因为这些宝珠比较沉，一个人要抱起一枚宝珠安放在原位的话，得花费不小的气力。那枚最大的宝珠上刻着100余字的铭文，由于年岁久远，加上风霜雪雨的洗礼，这枚用铜制的宝珠失去了原有的光彩，变得灰暗；但是如果有一缕

阳光从东边直射过来的话，那么宝珠依然有光泽，会发出刺眼的光芒。须弥塔的旁边有一座钟楼，是河北省现存最早的一座木结构钟楼。许多年来钟楼与须弥塔相依为伴，相互照应着。不妨登上钟楼，看看须弥塔，你一定会发现须弥塔的高大、淳朴和憨厚。

听完了须弥塔的介绍，你会发现，它并没有什么特别之处，但它为何能名留千古呢？原来，这座古塔在21世纪进行了一次较大规模的维修，在维修的过程中人们发现了天宫的秘密，这秘密到底是什么呢？

2007年，工作人员正在修缮须弥塔的时候，在位于塔顶的天宫内发现了4000多件珍贵文物，有金器、银器、铜器、玉器，还有经书等。为什么须弥塔里会有这么多的宝物呢？文物工作者经过查典籍和考察须弥塔的建造历史，发现这些文物都是在清朝

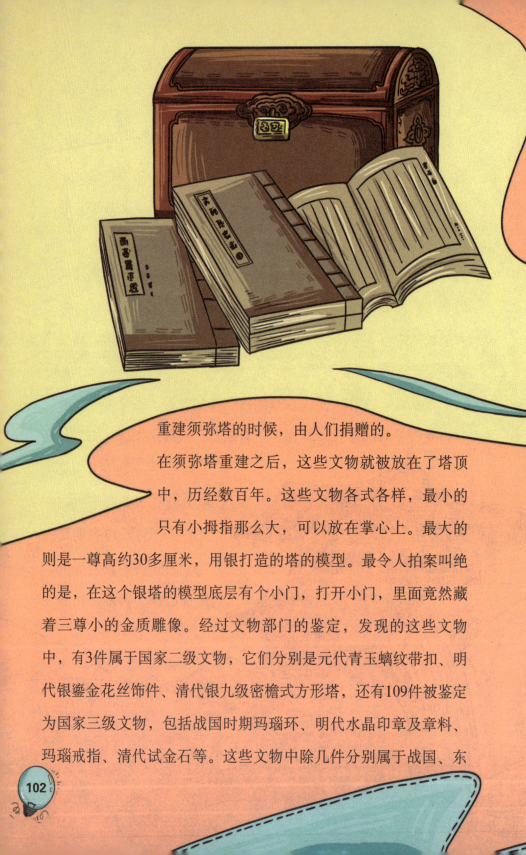

重建须弥塔的时候，由人们捐赠的。

在须弥塔重建之后，这些文物就被放在了塔顶中，历经数百年。这些文物各式各样，最小的只有小拇指那么大，可以放在掌心上。最大的则是一尊高约30多厘米，用银打造的塔的模型。最令人拍案叫绝的是，在这个银塔的模型底层有个小门，打开小门，里面竟然藏着三尊小的金质雕像。经过文物部门的鉴定，发现的这些文物中，有3件属于国家二级文物，它们分别是元代青玉螭纹带扣、明代银鎏金花丝饰件、清代银九级密檐式方形塔，还有109件被鉴定为国家三级文物，包括战国时期玛瑙环、明代水晶印章及章料、玛瑙戒指、清代试金石等。这些文物中除几件分别属于战国、东

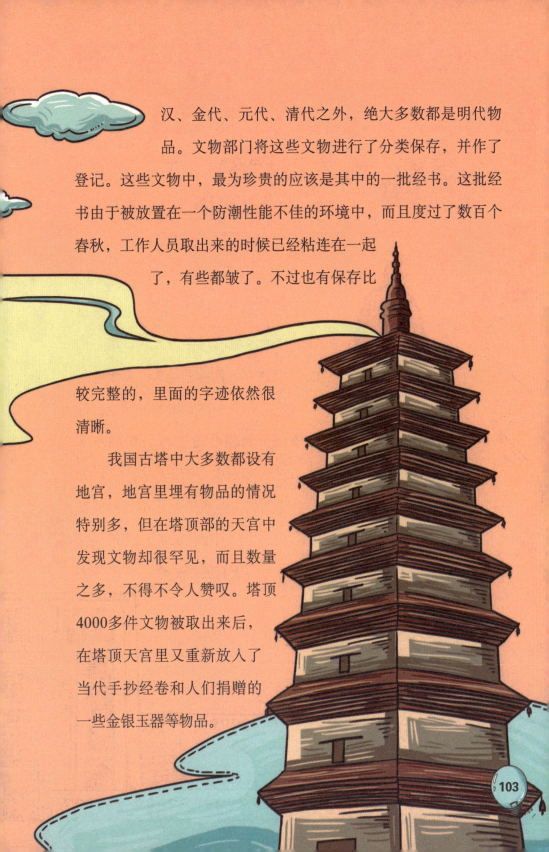

汉、金代、元代、清代之外，绝大多数都是明代物品。文物部门将这些文物进行了分类保存，并作了登记。这些文物中，最为珍贵的应该是其中的一批经书。这批经书由于被放置在一个防潮性能不佳的环境中，而且度过了数百个春秋，工作人员取出来的时候已经粘连在一起了，有些都皱了。不过也有保存比较完整的，里面的字迹依然很清晰。

我国古塔中大多数都设有地宫，地宫里埋有物品的情况特别多，但在塔顶部的天宫中发现文物却很罕见，而且数量之多，不得不令人赞叹。塔顶4000多件文物被取出来后，在塔顶天宫里又重新放入了当代手抄经卷和人们捐赠的一些金银玉器等物品。

103

无木支撑的苏公塔

苏公塔又称额敏塔，是新疆维吾尔自治区境内现存最大的古塔，建成于1778年，迄今已有240多年的历史，属于全国重点文物保护单位。苏公塔位于新疆吐鲁番市的葡萄乡木纳尔村，离市中心有2千米。它宛如一个特大的古瓷瓶竖立在黄褐色的戈壁滩上，是全国唯一的此种建筑风格的古塔。由于它的唯一性，许多考古

学家、考古爱好者纷纷前来探个究竟，试图从中找到当年的"秘密"，了解当地的风土人情，探寻其历史文化价值。

　　塔门入口处有建塔时所立的两通石碑，上面分别用维吾尔文、汉文字记述了建塔的缘由。据碑文记载，额敏和卓出生于哈拉和卓，是吐鲁番地区的统治者，他是一位杰出的爱国者，他的一生都致力于维护祖国的统一。在他的影响下，他的8个儿子中的7个屡建战功，在平定准噶尔部分裂以及大小和卓叛乱的战争中作出了卓越的贡献，多次得到清政府授予的荣誉。为了报答清王朝的恩遇，并让自己一生的丰功伟绩为后人所知晓，达到教育子民的目的，他自己拿出7000两白银命子苏来曼建造苏公塔，以此作纪念。不幸的是，过了不久额敏和卓

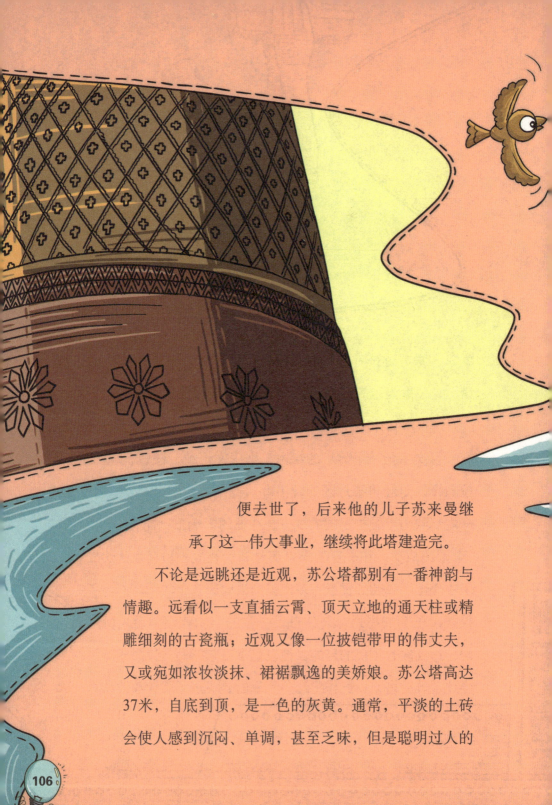

　　便去世了，后来他的儿子苏来曼继

承了这一伟大事业，继续将此塔建造完。

　　不论是远眺还是近观，苏公塔都别有一番神韵与

情趣。远看似一支直插云霄、顶天立地的通天柱或精

雕细刻的古瓷瓶；近观又像一位披铠带甲的伟丈夫，

又或宛如浓妆淡抹、裙裾飘逸的美娇娘。苏公塔高达

37米，自底到顶，是一色的灰黄。通常，平淡的土砖

会使人感到沉闷、单调，甚至乏味，但是聪明过人的

维吾尔匠师们用一块块土砖砌叠出了十多种格调的几何图案，有波浪、菱格、团花等等，循环往复，变化无穷。这种别具匠心的设计完全避免了枯燥，同时向后人们展现了维吾尔族优秀的传统建筑艺术。立身塔下，当你仰视苏公塔时就如置身于一幅复杂而富于变幻的装饰画前。

这座古塔是由清代维吾尔族建筑大师伊不拉欣主持设计并建造的。

此塔采用砖作为主要材料，除了顶部窗棂外，基本没用什么木材。苏公塔的塔身浑圆，自下而上逐渐收缩。塔身中心用灰砖砌出72级螺旋式阶梯当作中心柱体，粗粗实实的，既代替木结构的支撑作用，又加固了塔身，还可当作梯子攀登此塔；这一办法既解决了当时木材稀少而导致的塔的牢固性无法保证的困境，又使人们能够如愿地登上塔顶领略风光。建筑大师伊不拉欣独创出的这种设计方案，朴素而不简陋，精巧而不繁琐，真可谓匠心独运。塔身内部是十分幽暗的，隔相当一段距离才洞开一点小孔，透射进来一点点光线，简直难以看清脚下的虚实，自然而然会使人觉出一种神秘感来。登上塔顶，有一穹隆顶望室，四面有窗，这在当时也许是为了军事目的而专门设计的吧。

在这里天山、火焰山、葡萄沟及吐鲁番盆地的各种各样的房屋，都一目了然。在和煦的阳光下，迎着清新的晨风，当你站在高高的苏公塔塔顶上时，

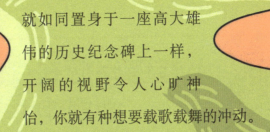

就如同置身于一座高大雄伟的历史纪念碑上一样，开阔的视野令人心旷神怡，你就有种想要载歌载舞的冲动。

啊！苏公塔，额敏和卓塔，你默默地守护着吐鲁番这片美丽的绿洲，见证着她的历史沧桑与如今的繁荣昌盛，也见证着各族人民为维护民族团结、祖国统一而体现出的民族魂、爱国心。你刚毅坚强，稳固健壮，周身洋溢着我们中华民族的勤劳和智慧之伟力；你气宇轩昂，傲然伟岸，整个建筑体镌刻着维吾尔工匠高超与惊人的艺术创造力。正是这股雷霆万钧之力，200多年以来，你似排山倒海的巨浪一样，冲刷着历史的污泥浊水，把吐鲁番的古城洗涤得绿如翡翠、美如鲜花。

小雁塔为何在地震中幸存

小雁塔与大雁塔齐名，也是一座很受欢迎的塔。它为何被称为"小雁塔"呢？原因很简单，因为它比大雁塔小。小雁塔虽小，但它同样出名，它小而精巧，并且被保护得比较完整，玲珑秀丽，宛如亭亭玉立的少女屹立在寺内。

小雁塔是在唐朝时期建造的，在外形上与大雁塔相似，但比大雁塔晚55年，与大雁塔东西相向而立，和大雁塔一样是西安的标志性建筑，也是我国古代建筑的精品。

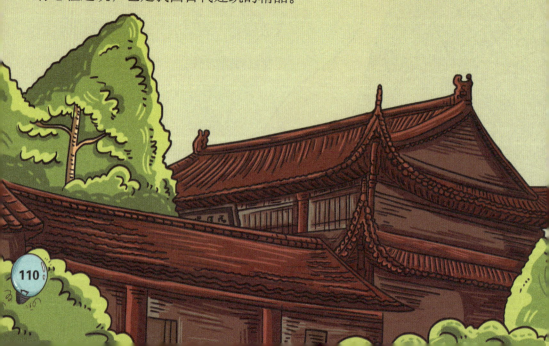

建造小雁塔的地理位置十分考究，这里风景秀丽，环境幽静，古朴雅致，走进这里不禁让人浮想联翩，感觉就像穿越时光隧道回到了古代。小雁塔的整体造型优雅而完美，其各部位的设计比例都恰到好处，显得端庄典雅，这正是将其比喻为亭亭玉立的少女原因之一。

此塔整体上呈正方形，在宽度上从下到上越来越小，呈锥形。塔基的下面设有地宫，里面放着一些当时的物品，像金银首饰，各种名画，工艺品等等。走进去，就像进了迷宫一般，常常使你产生一种"山重水复疑无路，柳暗花明又一村"的感觉。塔的每一层的南北面都设有半圆形的拱门，方便游客观赏外景，这种设计是否具有军事目的，还需要专家进一步研究才能知晓。塔内设有木梯，沿着木

小雁塔和大雁塔是西安的标志性建筑

梯可以一直走到塔顶，领略美丽的城市风光。不过，梯子的宽度较小，也较陡，必须要小心翼翼地走。与大雁塔相比，小雁塔则显得更为柔和娇媚，散发着一种古色古香的味道！因为这座塔很有考古价值，到现在为止，小雁塔基本上保留着唐朝时的建筑材

料，而且其造型结构和整体形态也依旧如故，从塔顶、塔身各层直至地宫都是1300多年前的原貌。真是原汁原味啊！曾有人这么点评小雁塔："塔上的每一块砖都是一个传奇的故事，每一片瓦都是一个时光的记号。"

千百年来小雁塔度过了无数个不平凡的日日夜夜，它默默地耸立于古都的静谧处，沐浴着千百年的阳光，经历着雷电风雨的打击，还经受住了战争和地震的考验。虽然一次次受到损坏，但是又一次次得到人们的修缮。早在唐朝时就有一位人士自愿修葺风化严重的塔檐和塔角，他还用白土粉饰了塔身，至今仍可见当年粉刷的痕迹。此后出现的地震、战火等都给小雁塔的稳定性带来了不利因素。不过神奇的是，小雁塔原有的大裂缝在经历过一次大地震后竟然"神合"了。1487年的一天，陕西发生了6级地震，小雁塔的中间从上到下裂开了一条很大的缝。在当时的条件下，这是难以修复的。然而时隔34年，在1521年的一次大地震中，裂缝在一夜之间又合拢了。人们怎么也解不开这个谜，只好将这次巧妙而十分意外的事件称之为"神合"。30多年后，有一位名叫王鹤的京官听说了这件事后，将事情的经过原原本本地刻在了小雁塔北边的门楣上，以示后人。中华人民共和国成立

后，人们在整修这座千年古塔时发现了这段文字，并邀请了诸多专家、学者进行了研究，发现其实这并不是"神合"，而是"人合"。原来，古代的建筑师们根据塔基的地质情况，精心设计了塔基，采用夯土的办法将其筑成一个半圆球体；地震发生后，所受的压力会均匀地分散开，这样小雁塔就象一个"不倒翁"一样。难怪小雁塔虽历经多次地震，仍巍然屹立，这不得不让人对我国古代能工巧匠高超的建筑技艺肃然起敬。

雁塔晨钟

荐福寺的钟楼挂着一口大铁钟，体形大又特别重，一开始不知何故流失沉落河底。幸好在清朝时，有一位农妇在河畔捣衣，忽然听见石中发出金属声响。她把这件事告知了村中的人，于是人们掘开石头，发现了这口巨钟，又把它移入了西安荐福寺。从那时起每天清晨方圆数十里内都能听到敲钟的声音，钟声洪亮，塔影秀丽，"雁塔晨钟"遂成为"关中八景"之一。

雷峰塔为何闻名于世，有何秘密呢

雷峰塔，始建于公元977年，位于杭州西湖南岸的南屏山麓。相传当时的吴越王钱弘俶因爱妃黄氏为其生得一子，为了庆贺得子之喜，特意建造了这座塔。

不过，当时不叫雷锋塔，而是称作"皇妃塔"。吴越王去世后，因其位于雷峰之上，人们称之为"雷峰塔"。雷峰塔之名因西湖十景之一的"雷峰夕照"和"白蛇传"中白娘子的故事而传遍天下。

雷锋塔的盛名家喻户晓，许多人对它非常好奇，以至于在清朝末年到民国初期屡屡遭到盗挖、损坏。终于，一个不幸的消息传开，年久失修的雷峰塔塔身在

1924年9月25日轰然坍塌，部分塔砖中秘藏的《一切如来心秘密全身舍利宝箧印陀罗尼经》经卷映入眼帘，"雷峰夕照"胜景却从此名存实亡。

雷峰塔的倒塌，令广大民众感到非常婉惜，纷纷希望重建此塔。

中华人民共和国成立后，随着国家的富强，人民的富有，政府顺应民心，也为了更好地保护雷峰塔的遗址，于1999年底决定重建此塔。

2000年12月26日重建工作正式启动，约两年后，新雷峰塔如期建成。新雷峰塔建在遗址之上，是按照当初的楼阁结构进行设计，完全采用了南宋初年重修时的风格和大小建造。这座塔兼具遗址文物保护罩的功能。采用原有的方式设计有助于传承历史风貌，有利于弘扬中华民族文化的博大精深。新塔通高70多米，由台基、塔身和塔刹三部分组成，其中塔身高49.17米，塔刹高18.25米。

塔身为平面八角形楼阁式制型，外观是一座八面、五层楼阁式塔，各层盖铜瓦，转角处设铜斗拱，飞檐翘角下挂铜风铃，古香古色古韵。二至五层有外挑平座可供观景，游人来到此处，既可近观景物，又可饱览全景，还能环视周边。塔的外形采用唐宋时期江南古建筑的典型风格进行设计、装饰，全塔上、下、内、外装饰富丽典雅，陈设精美独特，功能完善齐备，远远望去，金碧辉煌，格外引人注目。

新雷峰塔建成后，已经消失了约80年的雷峰夕照重现，人们欢呼雀跃，奔走相告，不约而同地前来观赏。每年都有许多游客来到西湖参观雷锋塔，雷峰塔也成为西湖的标志性景点。

雷峰塔是美丽的，它的英姿永远留存在人们的脑海中，但它除了外貌的端庄靓丽之外，其秘密更加吸引人。让我们一起来寻觅吧！

建筑师们在进行雷峰塔重建之时，考古专家对雷峰塔的遗址进行了考古发掘。最先出土的是近百块残碑，其中一

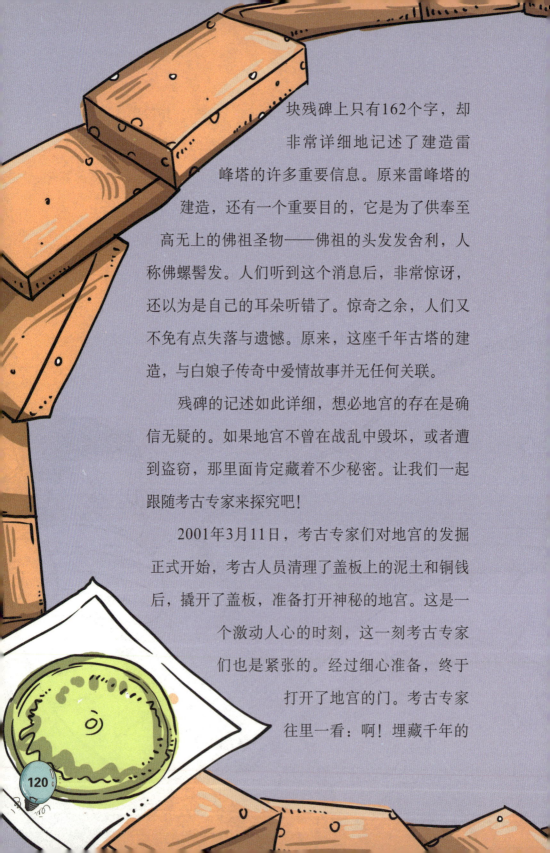

块残碑上只有162个字，却非常详细地记述了建造雷峰塔的许多重要信息。原来雷峰塔的建造，还有一个重要目的，它是为了供奉至高无上的佛祖圣物——佛祖的头发发舍利，人称佛螺髻发。人们听到这个消息后，非常惊讶，还以为是自己的耳朵听错了。惊奇之余，人们又不免有点失落与遗憾。原来，这座千年古塔的建造，与白娘子传奇中爱情故事并无任何关联。

残碑的记述如此详细，想必地宫的存在是确信无疑的。如果地宫不曾在战乱中毁坏，或者遭到盗窃，那里面肯定藏着不少秘密。让我们一起跟随考古专家来探究吧！

2001年3月11日，考古专家们对地宫的发掘正式开始，考古人员清理了盖板上的泥土和铜钱后，撬开了盖板，准备打开神秘的地宫。这是一个激动人心的时刻，这一刻考古专家们也是紧张的。经过细心准备，终于打开了地宫的门。考古专家往里一看：啊！埋藏千年的地宫从未遭到人为的破坏，一切都原模原样。这可乐坏了专家们。

摆在地宫正中央的是一个锈迹斑斑的铁函，周围堆满了散落的器物。此时，一件麻

烦事来了，由于地宫曾被水浸泡过，文物的提取工作非常困难。

考古专家想了许多办法，终于找到解决的方法。最早提取出来的是一面铜镜，上面清晰地刻着匠人的名字。接着是一尊精美的佛像，这尊佛像由一条蟠龙托举。然后出土了一个玉童子像，童子站立在漂浮的云彩之上，怡然自得、天真无邪……

出土的文物很多，如此狭小的空间里存放着众多的文物，令人赞叹古人的智慧与伟大！